育成を目指す
資質・能力を
踏まえた

教育課程の編成

知的障害教育における
アクティブ・ラーニングの活用

独立行政法人 国立特別支援教育総合研究所　編著

ジアース教育新社

はじめに

　本研究は、学習指導要領が大きく変わる時期に合わせて知的障害教育においても新しい時代に必要となる育成を目指す資質・能力の考え方に基づき、教育課程編成をどう考えていけばよいか、それを実現するための指導方法として重要であると提言されたアクティブ・ラーニングの実践を検証することで、特別支援教育の更なる発展の一助となるべく研究として立ち上げた。本研究に協力いただいた研究協力機関の多くは、前回の「知的障害教育における組織的・体系的な学習評価の推進を促す方策に関する研究」にも協力いただき、観点別学習評価を組織的に実践している学校である。また、本研究のカリキュラム・マネジメントに関する部分では、全国特別支援学校知的障害教育校長会と共同で、全国の特別支援学校（知的障害）の教育課程の編成や改善等に係る現状や課題の調査・分析を行った。

　本研究は、研究1「知的障害教育における『育成を目指す資質・能力』についての具体的検討」、研究2「研究協力機関の実践に基づく知的障害教育分野でのアクティブ・ラーニングの検討」、研究3「知的障害教育における教育目標と内容・指導方法、学習評価が一体的につながりを持つための工夫の検討」の大きく3つに分けられる。

　研究1に関しては、育成を目指す資質・能力の知的障害教育における具体像の検討から始めた。中央教育審議会のまとめが出ていない段階で、世界の動向として参考にされたOECDのキー・コンピテンシー等の考え方を、研究協力機関で作成している単元系統表を使って分析したところ、特別支援学校（知的障害）でも汎用的能力の指導を既に行っていることがわかった。このことは、新しい時代に必要な資質・能力は、知的障害教育でも発達の実態を考慮すれば同じように考えていくことが可能であるとの方向性の確認につながった。研究2及び3に関しては、研究協力機関に2年間にわたってアクティブ・ラーニングの視点で実践に取り組んでもらい、知的障害教育に必要な授業づくりの特徴を見い出すことができた。このことから、学校がカリキュラム・マネジメントの一環として進めている、「育てたい力」の共通理解から、

目標、内容・指導方法、学習評価を、授業研究を中心にして組織的に取り組むことが重要であることと理解できた。

　本研究は、学習指導要領の改訂と並行して行われてきた。新学習指導要領は本研究の終了と同時に告示されたが、学校現場が新学習指導要領を具体化するには、教育課程編成や授業研究に生かす具体的方法が必要である。本研究が、各学校での取組に少しでも役立ち、今後の新学習指導要領を活用したカリキュラム・マネジメントを実践していただけることを期待している。

　　　　　　　研究代表者　研修事業部上席総括研究員　明官　茂

目　次

はじめに

第1章　研究の背景と目的

第1節 ｜ 育成を目指す資質・能力を踏まえた
教育課程に関する検討事項と課題 ……………………………… 009

第2節 ｜ 特別支援学校（知的障害）における
教育課程編成の現状と課題 …………………………………… 011

① 教育課程編成の現状と課題 …………………………………… 011

② 「育成を目指す資質・能力」に関する課題 ……………………… 012

③ アクティブ・ラーニングに関する課題 ……………………… 013

④ 学習評価の在り方に関する課題 …………………………… 014

第3節 ｜ 育成を目指す資質・能力を踏まえた
学校による教育課程編成の工夫 …………………………… 016

第4節 ｜ 研究の目的 ……………………………………………… 019

第5節 ｜ 研究の全体構造 ……………………………………… 020

第6節 ｜ 本研究の意義 ………………………………………… 022

第2章　研究1　知的障害教育における育成を目指す資質・能力についての具体的検討

第1節 ｜ 目的 …………………………………………………… 027

第2節 ｜ 育成を目指す資質・能力に関する文献の概観 ……………… 029

① 世界における育成を目指す資質・能力の動向 ………………… 029

② 日本における育成を目指す資質・能力の動向 ………………… 031

③ 資質・能力の三つの柱 ……………………………………… 034

第3節 ｜ 知的障害教育における育成を目指す資質・能力の
具体例に関する検討 ……………………………………… 037

① 目的 …………………………………………………………… 037

② 方法 …………………………………………………………… 037

③ 結果と考察 …………………………………………………… 039

④ 考察のまとめ ………………………………………………… 045

第4節	イギリスの知的障害教育における	
	教育課程と育成を目指す資質・能力	047
①	イギリスにおけるナショナルカリキュラムの概要	047
②	イギリスにおける育成を目指す力の捉え	049
③	知的障害教育におけるキースキルの考え方	050

第5節	小・中学校で扱う育成を目指す資質・能力と知的障害教育に	
	おいて育成を目指す資質・能力の具体の類似性	056
第6節	まとめと今後の課題	059

第3章　研究2　研究協力機関の実践に基づく知的障害教育分野での アクティブ・ラーニングの検討

第1節	目的	065
第2節	方法	068
第3節	結果	069
①	千葉県立特別支援学校流山高等学園	069
②	広島県立庄原特別支援学校	079
③	愛媛大学教育学部附属特別支援学校	092
④	長崎県立鶴南特別支援学校	104
⑤	鹿児島大学教育学部附属特別支援学校	114
第4節	考察	
①	研究協力機関における事例のまとめと学習評価	128
②	主体的・対話的で深い学びを目指した授業の構築について	130
③	まとめと今後の課題	135

第4章　研究3　知的障害教育における教育目標と内容・指導方法、学習評価が 一体的につながりを持つための工夫の検討

第1節	目的	141
第2節	文献調査によるカリキュラム・マネジメントの概念整理	142
①	方法	142
②	結果	142
③	考察	146

第3節 ｜ 全国特別支援学校知的障害教育校長会
「情報交換アンケート」調査 ……………………………… 149
① 全国特別支援学校知的障害教育校長会の情報交換資料について …… 149
② アンケート調査の結果について ………………………………… 150
③ アンケート調査結果の分析及び考察について ………………… 161
第4節 ｜ 研究協力機関の「一体的つながり」に関する取組状況 ……… 174
① 方法 ………………………………………………………………… 174
② 結果 ………………………………………………………………… 174
③ 考察 ………………………………………………………………… 183
第5節 ｜ 研究3のまとめとカリキュラム・マネジメントに
関する提言及び今後の課題 ……………………………… 185

第5章 総合考察

第1節 ｜ 知的障害教育における「育成を目指す資質・能力」の
視点を踏まえたカリキュラム編成のモデル／
カリキュラム・マネジメント ………………………… 193
第2節 ｜ 今後の課題 ………………………………………………… 198

第6章 寄稿 中央教育審議会答申を踏まえた育成を目指す資質・能力とカリキュラム・マネジメント〜本研究の意義と研究成果の活用に向けて〜

第1節 ｜ はじめに …………………………………………………… 201
第2節 ｜ 中央教育審議会答申に至る経過 ………………………… 202
第3節 ｜ 中教審答申に基づく育成を目指す資質・能力の3つの柱 …… 203
第4節 ｜ 育成を目指す資質・能力とカリキュラム・マネジメント ………… 206
第5節 ｜ 社会に開かれた教育課程の実現に向けて
〜年間指導計画を保護者等と共有する〜 ……………… 208
第6節 ｜ 特別支援学校におけるカリキュラム・マネジメントを
推進させていくために ………………………………… 209

第1章

研究の背景と目的

第1節 育成を目指す資質・能力＊を踏まえた教育課程に関する検討事項と課題

　2014（平成26）年3月31日、次期学習指導要領に向けての枠組みづくりに向けた議論に生かす資料として、「育成すべき資質・能力を踏まえた教育目標・内容と評価の在り方に関する検討会―論点整理―」がまとめられた。ここでは、「育成すべき資質・能力」、「育成すべき資質・能力に対応した教育目標・内容」、「育成すべき資質・能力に対応した学習評価」について検討した成果をまとめ、「今後、学習指導要領の構造を、児童生徒に育成すべき資質・能力を明確化した上で、そのために各教科等でどのような教育目標・内容を扱うべきか、また、資質・能力の育成の状況を適切に把握し、指導の改善を図るための学習評価はどうあるべきか、といった視点から見直すことが必要」と提言された。

　こうした提言を踏まえ、2014（平成26）年11月20日に、文部科学大臣から中央教育審議会に「初等中等教育における教育課程の基準等の在り方について」諮問がなされた。ここでは、これからの社会は「社会構造や雇用環境が大きく変化」し、「厳しい挑戦の時代を迎える」と予想するとともに、今後は「一人一人の多様性を原動力とし、新たな価値を生み出していくことが必要」であり、そのために、「新しい時代を生きる上で必要な資質・能力を確実に育んでいくことを目指し、未来に向けて学習指導要領等の改善を図る必要がある」と指摘し、新しい時代に必要となる「育成すべき資質・能力」を踏まえた教育目標・内容と学習・指導方法、学習評価の在り方について検討するよう示された。

　中央教育審議会では、これらの検討を進め、2015（平成27）年8月26日に、「教育課程企画特別部会における論点整理について（報告）」（以下、企画特別部会論点整理とする）をまとめた。ここでは、「学習指導要領を構造化し

＊ 2014年3月の「育成すべき資質・能力を踏まえた教育目標・内容と評価の在り方に関する検討会－論点整理－」で示された「育成すべき資質・能力」という用語は、2016年8月の「次期学習指導要領等に向けたこれまでの審議のまとめ」において「育成を目指す資質・能力」に変更されている。本報告書の文中において、引用の場合は、原文で用いられている用語を用い、そのほかの記述では「育成を目指す資質・能力」に統一して用いる。

ていくとともに、その構造を各学校が十分に理解した上で教育課程を編成できるようにすることが大きな課題である」とし、学習指導要領改訂の視点として、「教育課程全体や各教科等の学びを通じて『何ができるようになるのか』という観点から、育成すべき資質・能力を整理する必要がある。その上で、整理された資質・能力を育成するために『何を学ぶのか』という、必要な指導内容等を検討し、その内容を『どのように学ぶのか』という、子供たちの具体的な学びの姿を考えながら構成していく必要がある」と述べている。「何ができるようになるのか」という観点では、新しい時代に必要となる育成すべき資質・能力について、①「何を知っているか、何ができるか（個別の知識・技能）」、②「知っていること・できることをどう使うか（思考力・判断力・表現力等）」、③「どのように社会・世界と関わり、よりよい人生を送るか（学びに向かう力、人間性等）」の三つの柱で整理し、「各学校が編成する教育課程の中で、各学校の教育目標とともに、育成する資質・能力のより具体的な姿を明らかにしていくことが重要である」と示した。その上で、整理された育成すべき資質・能力を踏まえ、「何を学ぶのか」という具体的な指導内容等を検討する必要があるとしている。そして、その内容を「どのように学ぶのか」といった、子供たちの具体的な学びの姿として、課題の発見・解決に向けた主体的・協働的な学びであるアクティブ・ラーニングや、そのための指導の方法等を充実させていく必要があると示した。アクティブ・ラーニングについては、不断の授業改善の視点として、①「習得・活用・探求という学習プロセスの中で、問題発見・解決を念頭に置いた深い学びの過程が実現できているかどうか」、②「他者との協働や外界との相互作用を通じて、自らの考えを広げ深める、対話的な学びの過程が実現できているかどうか」、③「子供たちが見通しを持って粘り強く取り組み、自らの学習活動を振り返って次につなげる、主体的な学びの過程が実現できているかどうか」の３つを挙げ、このような視点に立って学び全体を改善することで、子供たちが必要な資質・能力を身に付けていくことができるようにするとした。また、学習評価の在り方についても、育成すべき資質・能力を育む観点からその充実が必要であると述べている。学習評価の在り方については、「子供の学びの評価に留まらず、『カリキュラム・マネジメント』の中で、学習・指導方法や教育課程の評価と結び付け、子供たちの学びに関わる学習評価の改善を、教育課程や学習・指導方法の改善に発展・展開させ、授業改善及び組織運営の改善に向けた学校教育全体のサイクルに位置付けていくことが必要である」と示している。

第2節 特別支援学校（知的障害）における教育課程編成の現状と課題

① 教育課程編成の現状と課題

　特別支援学校学習指導要領解説総則等編では、教育課程とは、「学校教育の目的や目標を達成するために、教育の内容を児童生徒の心身の発達に応じ、授業時数との関連において総合的に組織した学校の教育計画」（文部科学省,2009a）であると定義している。特別支援学校の教育課程編成では、基本的に通常の教育に準ずる教育を行うとともに、障害に基づく種々の困難を改善・克服するために、「自立活動」が設けられている。そして、知的障害教育では、児童生徒の障害の状態に応じた弾力的な教育課程編成ができるようになっている。なお、知的障害教育の各教科においては、児童生徒が自立し社会参加するために必要な知識や技能、態度などを身に付けるため、知的障害の状態や学習上の特性などを踏まえ、小学部から高等部の全てにおいて独自に各教科の目標及び内容が示されている。独自に示されてはいるが、小学校と中学校における教科と特別支援学校（知的障害）の教科から共通すると考えられる内容を抽出した学習指導要領の分析を行ったところ、小学校における教科の内容と特別支援学校（知的障害）の教科に共通性があることが分かった。しかし、知的障害教育においては、各教科の内容は、学年別に示さず小学部は3段階、中学部は1段階、高等部は2段階（ただし、高等部の主として専門学科において開設される教科は1段階）で示している。

　また、知的障害のある児童生徒の特徴や学習上の特性としては、学習で得た知識や技能は断片的になりやすく実際の生活の場で応用されにくい、成功経験が少ないことなどにより主体的に活動に取り組む意欲が十分に育っていない、抽象的な内容よりは実際的・具体的な内容の指導が効果的であるといったことが挙げられる。このような特性から、知的障害教育では、実態等に即した指導内容を選択・組織したり、生活に結び付いた具体的な活動を学習活動の中心に据え、実際的な状況下で指導したりするなどの教育的対応を基本としている。「特別支援学校（知的障害）の教育課程編成は、児童生徒の発達段階や経験などを踏まえ、生活に結び付いた内容を中心に構成していることが大きな特色」（国立特別支援教育総合研究所,2015a）であり、各学校に

おいては、「障害の状態及び発達の段階や特性等並びに地域や学校の実態を十分考慮して、指導内容を組織する必要が適切な教育課程を編成する」（文部科学省,2009b; 2009c）とし、創意工夫を生かした特色ある学校教育活動を進めていくことが求められている。

企画特別部会論点整理では、将来の変化を予測することが困難な時代を前に、「予測できない未来に対応するためには、社会の変化に受け身で対処するのではなく、主体的に向き合って関わり合い、その過程を通して、一人一人が自らの可能性を最大限に発揮し、よりよい社会と幸福な人生を自ら作り出していくことが重要である」と述べている。このことは障害のある児童生徒にも同様のことであり、「特別支援教育の推進について（通知）」（文部科学省,2007）で示された特別支援教育の理念においても、障害のある児童生徒の「自立や社会参加に向けた主体的な取組を支援する」、「持てる力を高め、生活や学習上の困難を改善又は克服するため、適切な指導及び必要な支援を行う」と述べられている。教育の普遍的な目的・目標は知的障害教育でも同様であり、時代の変化や社会の要請等に対する基本的な考え方や求めるものは知的障害教育でも変わらない。しかし、前述したように、知的障害教育では、児童生徒の障害の状態や学習上の特性などを踏まえるといった様々な背景や、独自に各教科の目標及び内容を示しているといった通常の教育と異なる部分があることについては踏まえておく必要がある。企画特別部会論点整理に示された新しい視点については、その内容を捉えるとともに、知的障害教育においてどう考えるのか整理することが課題となる。

②　「育成を目指す資質・能力」に関する課題

企画特別部会論点整理における学習指導要領改訂の視点では、「何ができるようになるのか」という観点から育成すべき資質・能力を整理し、「何を学ぶのか」という具体的な指導内容を検討する必要があるとしている。知的障害教育では、自立と社会参加を目指し、主体的に取り組む「意欲」や「態度」を育てることを重視するとともに、児童生徒の障害の状態等に応じた弾力的な教育課程が編成できるようになっている。しかし、それだけでは児童生徒にどのような能力を育てたいのかが曖昧になるため、特別支援学校（知的障害）では、児童生徒や学校の実態を基に教育目標を設定するとともに、児童生徒の「育てたい力」を位置付け、それを基に「何を学ぶのか」といった指導内容を整理している学校も多々ある。ここで言う「育てたい力」とは、学校教育目標を達成するために必要な育てたい力のことで、「つけたい力」や「育

てたい子供像」、「目指す児童生徒像」、「学校教育目標を受けて設定した重点目標」など、各学校が独自で掲げている児童生徒につけたい力のことを指す。学校によっては、学校教育目標の中に「育てたい力」が含まれているケースや、学校教育目標そのものを「育てたい力」としているケースもある。例えば、本研究所が平成25〜26年度で実施した専門研究Ｂ「知的障害教育における組織的・体系的な学習評価の推進を促す方策に関する研究—特別支援学校（知的障害）の実践事例を踏まえた検討を通じて—」における研究協力機関の実践では、学校教育目標である「社会自立・職業自立」を目指すために必要な態度や技術を５つの力で整理し、年間指導計画の作成に関連付けている取組（千葉県立特別支援学校流山高等学園）や、学校教育目標である「自ら光る子」を目指して、働く人になるために必要な３つの力を示し、児童生徒の実態把握から育てたい力を明確にして授業づくりにつなげている取組（静岡県立袋井特別支援学校）、「育てたい子供像」を掲げて具体的な子供像を設定し、その実現のために「つけたい力」を明らかにして単元計画を作成している取組（広島県立庄原特別支援学校）など、「育てたい力」を明確化し、指導計画や授業実践に生かすような工夫を行っている。どのような能力を育成したいのかについての具体を、個別の指導計画の目標設定や教育計画の作成、実際の教育活動に生かすことで、一人一人の障害の状態に応じた柔軟な指導計画を工夫しつつ、学習活動を通して育成したい力のねらいを共有できるようにしている。このように、知的障害教育では、これまで、「育てたい力」を基に教育課程編成を考えてきたが、今後、新しい時代を生きる上で必要となる資質・能力を踏まえ、これまで掲げてきた「育てたい力」をどう見直していくのかが課題になる。

③ アクティブ・ラーニングに関する課題

　企画特別部会論点整理では、「どのように学ぶのか」といった指導方法の工夫として、アクティブ・ラーニングの在り方について検討を進めている。知的障害教育における指導方法の工夫としては、児童生徒の学習上の特性などを踏まえ、各教科等を合わせて指導することが効果的であることから、従前より、各教科等を合わせた指導を実施している。各教科等を合わせた指導では、「育てたい力」を基に、普段の生活に結び付いた実際的・具体的な内容を取り入れることによって、成功体験を増やし、主体的に活動に取り組む意欲を育てる等の工夫から一人一人の学びを支えてきた。しかし、活動のみを重視した計画を立てたり、育てたい力が曖昧であったりすると、生活上の

課題を達成するような文脈のある活動にならなかったり、活動の中で領域や教科の内容を習得することができないような取組になってしまったりするので、単元のねらいを明確にした指導計画の作成と子供が主体的に取り組める授業づくりを充実していくことが課題となっている。今後、知的障害教育における指導方法を更に充実していくためにも、知的障害教育におけるアクティブ・ラーニングの捉えと、これまでの指導方法との関連等について検討することが必要である。

④　学習評価の在り方に関する課題

　企画特別部会論点整理では、更に学習評価の在り方についても示している。「子供たちにどういった力が身に付いたのか」という学習成果を的確にとらえるためには学習評価の在り方が極めて重要であるとし、「これまでの学習評価の成果を踏まえつつ、目標に準拠した評価を更に進めていくためには、学校教育法が規定する三要素との関係を更に明確にし、育成すべき資質・能力の三つの柱に沿って各教科の指導改善が図られるよう」検討していく必要があるとしている。本研究所が平成 25 ～ 26 年度で実施した専門研究 B「知的障害教育における組織的・体系的な学習評価の推進を促す方策に関する研究―特別支援学校（知的障害）の実践事例を踏まえた検討を通じて―」では、特別支援学校（知的障害）における学習評価の現状と課題についてまとめている。ここでは、特別支援学校（知的障害）では、学習評価は実施しているが、学習評価に観点別学習状況の評価の 4 観点等を設定して分析的に学習状況を評価している学校は少ない現状が窺えた。しかし、知的障害教育においても観点を設けて分析的に評価することは可能で、観点別学習状況の評価を導入することで、目標や指導方法、手立ての妥当性、信頼性を意識した授業改善につながることが分かった。そして、学習指導に関わる PDCA サイクルを組織的・体系的に実施し、教育課程の改善に結び付けていくことが重要であると指摘された。こうした先行研究による成果を生かしつつ、新しい時代に必要な育成を目指す資質・能力や、アクティブ・ラーニングの学習評価等について、知的障害教育ではどう捉えればよいのか検討していく必要がある。知的障害教育では、これまで、児童生徒の障害特性から、ペーパーテストによる評価ではなく、一人一人の様子の観察や、変化の記録、作業学習等で製作した具体物等を基に評価を実施してきた。また、児童生徒の学習に対する関心・意欲を大切にするとともに、主体的な学びを重視し、一人一人の良い点や可能性を伸ばす評価を行ってきた。今後、「教育課程の編成、実施、

評価、改善の一連のサイクルの中に、学習評価を位置付け、育成すべき資質・能力が身に付いたかどうかの視点で学習評価ができるように、学習評価の改善を図ること」（国立特別支援教育総合研究所,2015b）が課題である。

第3節 育成を目指す資質・能力を踏まえた学校による教育課程編成の工夫

　特別支援学校（知的障害）では、各学校でそれぞれ「育てたい力」を掲げ、それを基に「何を学ぶのか」といった指導内容を整理し、実践に生かしている。企画特別部会論点整理では、「学習する子供の視点に立ち、教育課程全体や各教科等の学びを通じて『何ができるようになるのか』という観点から、育成すべき資質・能力を整理する必要があるとしている。その上で、整理された資質・能力を育成するために『何を学ぶのか』という、必要な指導内容等を検討し、その内容を『どのように学ぶのか』という、子供たちの具体的な学びの姿を考えながら構成していく必要がある」と指摘しているように、今後、各学校の「育てたい力」を基に、知的障害教育における教育目標と内容・指導方法、学習評価が一体的につながりをもつための工夫の検討を進めていく必要があると考える。そこで、本研究では、特別支援学校（知的障害）における学校による教育課程編成を考える上で参考になる要素と目標・内容・方法・学習評価を一体的に捉えた考え方を提案するため、これまで知的障害教育において実践してきた取組を参考に、重要であると考えられる要素やツールを整理するとともに、論点整理で示された「学習指導要領改訂の視点」に関する図（補足資料 p.23）を参考にして、「育成すべき資質・能力を踏まえた知的障害教育における一体的な教育課程編成の構造図（仮説）」（図1-1-1参照）を考えた（以下、教育課程編成の構造図とする）。

　教育課程編成の構造図では、知的障害教育における学校の教育課程編成において重要と思われる部位を（a）「育てたい力」、（b）「何を学ぶか」、（c）「どのように学ぶか」、（d）「学習評価の充実」と構造的に示し、学校の教育課程編成を実施していく上で重要と思われる要素をそれぞれの部位に示した。また、（a）「育てたい力」を設定し、（b）「何を学ぶか」で、育てたい力を踏まえて各教科の目標・内容を見直し、（c）「どのように学ぶか」において、アクティブ・ラーニングによる授業改善の視点を踏まえた学習活動を実施し、（d）「学習評価の充実」において、育成すべき資質・能力を育む視点を含めて学習評価を充実するなど、それぞれの部位がどのように関連し、つながっているのかが特に重要であると捉え、「つながりの理想」を示して重

第3節　育成を目指す資質・能力を踏まえた学校による教育課程編成の工夫

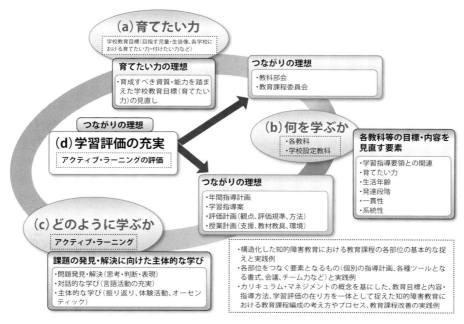

図1-1-1　育成すべき資質・能力を踏まえた知的障害教育における
一体的な教育課程編成の構造図（仮説）

要と思われる具体的な要素を挙げた。このように、重要と思われる要素と各部位のつながりを示すことで、教育目標と内容・指導方法、学習評価を一体として捉えた学校による教育課程編成における全体像をイメージした考え方を図1-1-1に表した。

　教育課程編成の構造図で示した学校の教育課程編成において重要と思われる要素は、これまで特別支援学校（知的障害）において教育課程編成を行う際に大切にされてきたと考えられる要素を基に整理している。前述したように、特別支援学校においては、児童生徒の障害の状態に応じた弾力的な教育課程編成ができることや、知的障害教育においては、学習上の特性などを踏まえ、独自に各教科の目標及び内容を示していることから、各学校では学習指導要領を基に、創意工夫した教育課程編成を行いながら教育活動を実施している。そのため、教育課程編成を進めるに当たっては、学習指導要領を基に「育てたい力」から指導目標や内容を独自に整理したり、各教科及び各領域に分けて指導するのか、各教科等を合わせて指導するのかなど、どのような指導の形態で実施すればいいのかについて検討したりすることが重要になる。また、「何を学ぶのか」について具体的な授業計画を準備し、充実した学習活動を実施しても、児童生徒の実態に応じて授業の内容は変化していく

ため、そのままの形で他の学級や次年度の同じ学年の授業等を実施すること
はできないなど、知的障害教育における教育課程編成では、様々な要素とと
もに児童生徒の障害特性や実態を踏まえた工夫をしなければならない状況が
ある。学習指導要領を基に学校で教育課程編成を行う際に重要と思われる要
素を整理し、そのつながりについての考え方を示すことは、これまで取り組
んできた教育課程編成の取組を更に充実していくことになると考える。

　教育課程編成の構造図では、上記のように、これまで知的障害教育で行わ
れてきた取組を基に重要と思われる各要素を整理するとともに、教育目標と
内容・指導方法、学習評価を一体として捉えたカリキュラム・マネジメント
について、育成すべき資質・能力を踏まえた考え方とアクティブ・ラーニン
グによる授業改善の視点を踏まえた学習活動に焦点を当てて示した。これは、
今後「育成を目指す資質・能力」の考え方や、それを実現するための指導方
法としてアクティブ・ラーニングの実践が重要になってくると考えたからで
ある。アクティブ・ラーニングの実践では、授業改善の3つの視点を基に、
単に問題解決や対話的な学習活動を実施すればいいというものではない。例
えば、仲間同士の話合い活動があっても楽しく会話しただけでは不十分で、
「対話し、それによって思考を広げ深めていくこと」（文部科学省 ,2015）が
求められる。こうしたアクティブ・ラーニングの実践を通して、今後新しい
時代を生きる上で必要となる資質・能力を身に付けていくことができると考
えられている。すなわち、(c)「どのように学ぶか」における学習活動のみ
を切り離して考えるのではなく、「育てたい力」を明らかにし、その達成の
ために何を学ぶのか、その学びを実現するためにどのような学習活動を実施
するのか、といった一つ一つのつながりを意識することがアクティブ・ラー
ニングの実践では特に重要になる。今後教育課程編成に関する研究では、「育
てたい力」と「各教科の目標・内容」、「各教科の目標・内容」と「アクティブ・
ラーニング」、「アクティブ・ラーニング」と「学習評価」、「学習評価」と「授
業改善」などにおける重要な要素やつながりについて検討を進め、育成を目
指す資質・能力を踏まえた目標・内容・方法・学習評価の一体化を意識した
知的障害教育における教育課程編成の在り方について検討する必要がある。

第4節 研究の目的

　本研究では、育成を目指す資質・能力の考え方や、それを実現するための指導方法とされるアクティブ・ラーニングの実践に焦点を当て、新しい時代に必要となる「育成を目指す資質・能力」を踏まえた、目標・内容・方法・学習評価の一体化を意識した、特別支援学校（知的障害）における教育課程編成の在り方について検討することを目的とする。

第1章　研究の背景と目的

第5節　研究の全体構造

　本研究の全体構造を図1-2-1に示した。本研究では、文献研究により「育成を目指す資質・能力」やアクティブ・ラーニングについての概念整理をするとともに、研究協力機関（特別支援学校）への訪問や聞き取り等による情報収集のほか、研究協力者及び研究協力機関との研究協議を実施し、データの収集と分析や検討を行う。

　研究1では、知的障害教育における育成を目指す資質・能力をどう捉えればよいかについての具体的検討を行う。また、育成を目指す資質・能力の具体像を示すことを目的に、OECDが提唱するキー・コンピテンシーの要素について整理し、実際に特別支援学校で整理している「育てたい力」の分析を行い、海外の情報も収集しながら検討を進める。

　研究2では、知的障害教育におけるアクティブ・ラーニングを踏まえた実践の成果と課題の検討を進める。特別支援学校（知的障害）におけるアクティブ・ラーニングの取組の実際を探ることを目的に、文献研究からアクティブ・ラーニングについての情報を得るとともに、研究協力機関における実践事例の収集と分析を行う。

　研究3では、知的障害教育における教育目標と内容・指導方法、学習評価が一体的につながりをもつための工夫の検討を行う。一体的につながりをもつために必要な要素やシステムについて探っていくことを目的に、文献研究及び研究協力機関における実践の情報収集と分析、全知長情報交換資料のアンケート結果から検討を進める。

　研究1から3を進めていくに当たっては、「育成すべき資質・能力を踏まえた知的障害教育における一体的な教育課程編成の構造図（仮説）」を参考にし、「育てたい力」、「何を学ぶか」、「どのように学ぶか」それぞれの要素や各部位のつながりについても関連する情報を収集する。例えば、研究1では、モデル例の（a）「育てたい力」と（b）「何を学ぶか」の部分に関連があるので、それぞれの要素と（a）と（b）をつなげる工夫の実際について情報収集する。研究2では、（b）「何を学ぶか」、（c）「どのように学ぶか」、（d）「学習評価の充実」の部分に関連があるので、それぞれの要素と、（b）と（c）、

第5節　研究の全体構造

(c) と (d) のつながりについて情報収集する。研究3では、(a) から (d) 全てのつながりに関連があるとし、全ての部位を一体的につなげるための工夫について情報収集する。これらの情報を基に、「教育課程編成の構造図（仮説）」の修正や、知的障害教育における育成を目指す資質・能力の視点を踏まえたカリキュラム・マネジメントについて探り、研究の成果と課題につなげる。

なお、学習指導要領改訂と同時進行となるため、動向を踏まえながら研究を進めることとした。

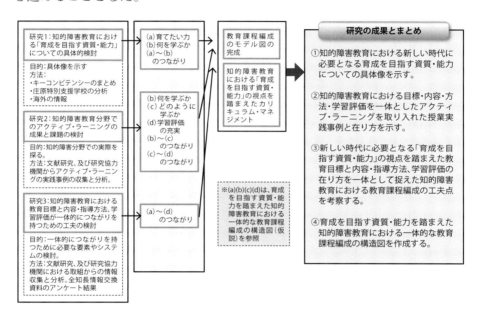

図 1-2-1　研究の全体構造図

第1章 研究の背景と目的

第6節 本研究の意義

　新しい時代に必要となる育成を目指す資質・能力を踏まえ、学習指導要領が大きく変わろうとしている。この時期に特別支援教育も同じような考え方に基づいて学校における教育課程編成の在り方を検討していく必要がある。今後、育成を目指す資質・能力の考え方や、それを実現するための指導方法としてアクティブ・ラーニングの実践が重要になってくる。このことは知的障害教育でも同様である。新しい考え方のもとで学校における教育課程編成をどう考えていけばよいのか、参考になる事例や要素、イメージ図を提供することで、知的障害教育における新しい時代に必要となる育成を目指す資質・能力を育む教育活動の充実が図られると考える。

（涌井恵・松見和樹）

［参考文献］

中央教育審議会（2015）「教育課程企画特別部会における論点整理について（報告）」

育成すべき資質・能力を踏まえた教育目標・内容と評価の在り方に関する検討会（2014）「育成
　すべき資質・能力を踏まえた教育目標・内容と評価の在り方に関する検討会―論点整理―」

国立特別支援教育総合研究所（2015a）「特別支援教育の基礎・基本」

国立特別支援教育総合研究所（2015b）専門研究B「知的障害教育における組織的・体系的な
　学習評価の推進を促す方策に関する研究―特別支援学校（知的障害）の実践事例を踏まえた
　検討を通じて―」

文部科学省（2014）「初等中等教育における教育課程の基準等の在り方について（諮問）」

文部科学省（2007）「特別支援教育の推進について（通知)」

文部科学省（2009a）「特別支援学校　教育要領・学習指導要領」

文部科学省（2009b）「特別支援学校学習指導要領解説　総則等編（幼稚部・小学部・中学部)」

文部科学省（2009c）「特別支援学校学習指導要領解説　総則等編（高等部)」

第2章

研究1
知的障害教育における育成を目指す資質・能力についての具体的検討

第1節 目 的

　現在の世界の教育の大きな潮流として、コンテンツ・ベイスの教育からコンピテンシー・ベイスの教育へと転換が起こっている（奈須 , 2015）。我が国においても、「育成すべき資質・能力を踏まえた教育目標・内容と評価の在り方にする検討会−論点整理−」が 2014（平成 26）年 3 月 31 日にまとめられた。その後、2014（平成 26）年 11 月 20 日に文部科学大臣から中央教育審議会に「初等中等教育における教育課程の基準等の在り方について」諮問がなされたことを受け、学習指導要領の改訂に向けた検討が中央教育審議会においてなされてきた。本研究の開始 2 年目に当たる 2016（平成 28）年 8 月 26 日には、中央教育審議会初等中等教育分科会教育課程部会による「次期学習指導要領等に向けたこれまでの審議のまとめについて（報告）」において、育成を目指す資質・能力についての基本的な考え方が示された。その後、2016（平成 28）年 12 月 21 日に中央教育審議会により「幼稚園、小学校、中学校、高等学校及び特別支援学校の学習指導要領等の改善及び必要な方策等について（答申）」が出され、日本における育成を目指す資質・能力が確定した。そして、2016（平成 28）年度末には、新しい学習指導要領が公示された。

　答申（中央教育審議会 , 2016）に示された、これからの 21 世紀を生きる子供たちに求められる育成を目指す資質・能力は全ての子供に求められるものであり、知的障害教育もこの方向性に沿って、教育実践を更に深化させていかなければならない。しかし、これらの考え方がどのように知的障害教育の学校現場で実現されていけば良いのか、またその具体像については明らかになっていない。

　そこで、本項では中央教育審議会教育課程部会による審議のまとめ（報告）や答申（中央教育審議会 , 2016c）において示された「育成を目指す資質・能力」について、知的障害教育における具体像をどのようにイメージすればよいのか検討することとする。まず本項の第 2 節では、関連文献を概観し育成を目指す資質・能力についての理解を深める。また、本項第 3 節では、ある特別支援学校（知的障害）の小・中・高の全学部にわたる指導内容を単元

の系統でまとめたデータを元に、OECD のキー・コンピテンシーに対応すると考えられる指導内容がどのように扱われているのかを分析する（この分析を行った研究1年目の時点では、まだ中央教育審議会において「育成を目指す資質・能力」について議論の途中であったため、世界的に「育成を目指す資質・能力」として影響を与えている OECD のキー・コンピテンシーを分析の視点として採用した）。さらに、第4節イギリスの知的障害教育において、育成を目指す資質・能力はどのように教育課程上位置付いているか調べる。また第5節では小・中学校で扱う育成を目指す資質・能力と知的障害教育において育成を目指す資質・能力の具体の類似について論考し、最後に第6節では、第2～4節に基づいて知的障害教育における「育成を目指す資質・能力」の具体像をまとめ、今後の課題について検討することとする。

第2節 育成を目指す資質・能力に関する文献の概観

本章では育成を目指す資質・能力に関して、世界と日本の動向を文献によって概観し、中央教育審議会が 2016 年に「幼稚園、小学校、中学校、高等学校及び特別支援学校の学習指導要領等の改善及び必要な方策等について（答申）」で示した「資質・能力の三つの柱」について報告する。

① 世界における育成を目指す資質・能力の動向

世界において欧米を中心に、領域や対象を超えて機能する汎用性の高い資質・能力（コンピテンシー）を軸とした教育が検討されている（奈須・久野・齊藤, 2014）。まず 1997 年から 2003 年に掛けて、経済協力開発機構（OECD）の「能力の定義と選択」（DeSeCo）プロジェクトがキー・コンピテンシーを提起した。この概念はコンピテンシー教育改革の源流とされ、生徒の学習到達度調査（PISA）や国際成人力調査（PIAAC）等の国際学力調査に導入されている。その後、EU では、キー・コンピテンシーを独自に定義し、EU 内各国における教育政策を推進する枠組みとした。また、北米を中心に 21 世紀型スキルが定義され、評価のあり方を検討するプロジェクトが進められた。21 世紀型スキルもまた、その成果が PISA にも反映されている。このような動向を受けて、各国でキースキル（イギリス）や汎用的能力（オーストラリア）、キー・コンピテンシー（ニュージーランド）等のコンピテンシーが定義され、それに基づくカリキュラムの整備が進められてきている（国立教育政策研究所, 2013；奈須, 2014）。このような各国の教育改革における資質・能力は、国立教育政策研究所（2013）によって、表 2-2-1 のように整理されており、どの目標も言語や数、情報を扱う基礎的なリテラシーと、思考力や学び方の学びを中心とする認知スキル、社会や他者との関係やその中での自律に関わる社会スキルの 3 層に大別できると指摘されている。以下では、国際学力調査に導入されている資質・能力である、コンピテンシー教育改革の源流である OECD のキー・コンピテンシーと、産業界が軸となって提唱した 21 世紀型スキルについて概観したい。

29

ア　OECD のキー・コンピテンシー

　OECD は、1997 年から 2003 年に掛けて DeSeCo プロジェクトを実施した。DeSeCo プロジェクトは、グローバリゼーションの進む社会で、国際的に共通する鍵となる能力を定義し、その評価と指標の枠組みを開発することを目的としたもので、諸学問領域の専門家と各国の政策担当者の協働を通して、最も重要とされるコンピテンシーが検討された（国立教育政策研究所，2013）。その中で、コンピテンシーは、人が「特定の状況の中で（技能や態度を含む）心理社会的な資源を引き出し、動員して、より複雑な需要に応じる能力」と定義され、鍵となる 3 つのキー・コンピテンシーとして表 2-2-2 の具体的内容が示された。このキー・コンピテンシーの枠組みの中心にあるのは、個人が深く考え、行動することの必要性である。そして、深く考えることには、目前の状況に対して特定の定式や方法を反復継続的に当てはまることができる力だけではなく、変化に対応する力、経験から学ぶ力、批判的な立場で考え、行動する力が含まれる。このような背景には、「変化」、「複雑性」、「相互依存」に特徴付けられる世界への対応の必要性が挙げられる（中央教育審議会，2006）。また、OECD のキー・コンピテンシーは、各国で提唱されている資質・能力に大きな影響を与えている。そのため、表 2-2-2 に示された通り、キー・コンピテンシーの具体的内容は、他の資質・能力の具体的内容と重なる部分が極めて大きい。

表 2-2-1　諸外国の教育改革における資質・能力（国立教育政策研究所，2013）

DeSeCo		EU	イギリス	オーストラリア	ニュージーランド	（アメリカほか）	
キーコンピテンシー		キーコンピテンシー	キースキルと思考スキル	汎用的能力	キーコンピテンシー	21世紀スキル	
相互作用的道具活用力	言語、記号の活用	第1言語外国語	コミュニケーション	リテラシー	言語・記号・テキストを使用する能力		基礎的なリテラシー
	知識や情報の活用	数学と科学技術のコンピテンス	数学の応用	ニューメラシー			
	技術の活用	デジタル・コンピテンス	情報テクノロジー	ICT技術		情報リテラシーICTリテラシー	
反省性（考える力）（協働する力）（問題解決力）		学び方の学習	思考スキル（問題解決）（協働する）	批判的・創造的思考力	思考力	創造性とイノベーション	認知スキル
						批判的思考と問題解決	
						学び方の学習	
						コミュニケーション	
						協働	
自律的活動力	大きな展望	進取の精神と起業精神		倫理的行動	自己管理力	キャリアと生活	社会スキル
	人生設計と個人的プロジェクト						
	権利・利害・限界や要求の表明		問題解決協働する			個人的・社会的責任	
異質な集団での交流力	人間関係力	社会的・市民的コンピテンス文化的気づきと表現		個人的・社会的能力異文化間理解	他者との関わり参加と貢献		
	協働する					シティズンシップ	
	問題解決力						

第2節　育成を目指す資質・能力に関する文献の概観

表 2-2-2　キー・コンピテンシーの具体的内容（中央教育審議会，2006）

1　社会・文化的、技術的ツールを相互作用的に活用する能力	A　言語、シンボル、テクストを活用する能力	・様々な状況において、話したり書いたりする言語のスキルや数学的なスキル等を効果的に活用する力。【PISA 調査・読解力、数学的リテラシー】
	B　知識や情報を活用する能力	・情報それ自体の本質について、例えば、その技術的なよりどころや社会的・文化的な文脈などを考慮して、批判的に深く考えることができる力。【PISA 調査・科学的リテラシー】 ・他人の意見や選択肢の理解、自らの意見の形成、意思決定、確実な情報に基づいた責任ある行動を可能とする基盤。
	C　テクノロジーを活用する能力	・個人が日々の生活においてテクノロジーが新しい方法で活用できることに気付くことが第一。 ・テクノロジーには、遠隔地間の協働、情報へのアクセス、他人との双方向のやりとりなど新たな可能性。そのためには、E-mail の送信など単なるインターネットの活用スキル以上の力が必要。
2　多様な集団における人間関係形成能力	D　他人と円滑に人間関係を構築する能力	・個人が知人や同僚、顧客などと個人的な関係を作り出し、維持し、発展させる力。 ・具体的には、「共感する力」、「感情を効果的にコントロールする力」。
	E　協調する能力	・協調に当たっては、各個人が一定の能力を持っていることが必要。グループへの貢献と個々人の価値とのバランスを図ることができる力が不可欠。また、リーダーシップを共有し、他人を助けることができることも必須。
	F　利害の対立を御し、解決する能力	・利害の対立に建設的にアプローチするには対立を否定するのではなく、それを御するプロセスを認識すること。他者の利益や双方が一定の利益を得るための解決方法への深い理解が必要。
3　自立的に行動する能力	G　対局的に行動する能力	・自らの行動や決定を、自身が置かれている立場、自身の行動の影響等を理解したうえで行える力。
	H　人生設計や個人の計画を作り実行する能力	・人生の意義を見失いがちな変化し続ける環境のなかで、自らの人生に一定のストーリーを作るとともに意味や目的を与える力。
	I　権利、利害、責任、限界、ニーズを表明する能力	・成文のルールを知り、建設的な議論のうえ、調整したり対案を示したりする力。 ・自分自身の権利などを表明するためのみの力ではなく、家庭、社会、職場、取引などで適切な選択をすることができる。

イ　21 世紀型スキル

　2009 年に開催された「学習とテクノロジーの世界フォーラム」において、「21 世紀型スキルの学びと評価プロジェクト」（ATC21S）が立ち上げられた。本プロジェクトは、世界的に有名なテクノロジー会社であるシスコシステムズやインテル、マイクロソフト、及びメルボルン大学等が立ち上げに関わっており、2010 年にはアメリカやオーストラリアを始めとする国々が参加国として加わった（Griffin, McGaw & Care, 2012）。21 世紀型スキルはこのプロジェクトから提唱された。21 世紀型スキルは、これまで評価や教育の目的で深く検討されることがなかった「デジタルネットワークを使った学習」と「協調的問題解決」の 2 領域が対象とされ、グローバル社会を生き抜くために必要とされる能力である。21 世紀型スキルの具体的内容を表 2-2-3 に示す。表 2-2-3 で示した初歩レベルと高次レベルとは、21 世紀型スキルの具体的内容を連続的に捉えたものであり、最終的には高次レベルを見据えて指導をデザインすることが必要である（Griffin et al., 2012）。

②　日本における育成を目指す資質・能力の動向

　文部科学省は「育成すべき資質・能力を踏まえた教育目標・内容と評価の

第2章　研究1　知的障害教育における育成を目指す資質・能力についての具体的検討

表 2-2-3　21 世紀型スキルの具体的内容 [Griffin, McGaw, & Care
（2012 ; 三宅監訳 , 2014）を元に作成]

			初歩レベル	高次レベル
1 思考の方法 （高次の思考 スキル）	A	創造性と イノベーション	・与えられた情報を自分のものにする。他の誰かが正解や事実を知っているという信念をもっていたり、それをもとに行動する。	・未解決の問題に取り組むこと。理論やモデルをつくったり、リスクを覚悟して取り組む。有望なアイディアやプランを追及していく。
	B	批判的思考、 問題解決、 意思決定	・指導者や教師、カリキュラム設計者によってデザインされた有意義な活動。学習者は、予め用意された課題に取り組む。	・真正な知識労働の中で高次の思考スキルを発揮する。自分で問題発見し有望なアイディアへ発展させる活動を通して、達成の基準は継続的に上がっていく。参加者は、複雑な問題と体系的な思考に取り組む。
	C	学び方の学習、 メタ認知	・児童生徒や労働者は、組織に対して関与することができると思っておらず、他の誰かが上位レベルのプロセスをコントロールしていく、意思決定等には参加しない。	・児童生徒や労働者は、最も高いレベルで、自分の活動に責任をもつことができる。評価は、組織の運営と統合されていて、個人レベルのメタ認知だけではなく、社会的なメタ認知能力が必要とされる。
2 仕事の方法 （他者ともに 働くスキル）	D	コミュニケー ション	・仲良くおしゃべりができる。会話の目的は、事前に決められている目標に全員が到達すること。仲間どうしでやりとりできる場は限られている。	・会話の目的は、話し合う対象の分野を発展させ、より包括的で高次の分析を行うこと。開かれた場所で仲間どうしあるいは自由なやりとりが促進される状況にある。
	E	コラボレーショ ン・チームワーク	・小グループによる活動ができる。最終成果を作成する上で一人ひとりが責任を分担する。最終成果は分担したものを合わせただけのもので、それを超えるものではない。	・協調や競争によって共有された知性によって、既存の知識を発展させる。個々人が生産的に相互作用し、ネットワーク化された ICT を使って活動する。コミュニティの知識が発展することが、個人の成功よりも価値があると考え、個人それぞれが貢献できる。
3 仕事のツール （道具を用いる）	F	情報リテラシー 調査活動	・問いに対して答えを探す。情報を見つけてきてそれをまとめる。変数を変えたらどうなるかを検討するような調査。	・調査活動は知識を発展させるために不可欠なものとして行われ、それをもとに協調的にさらによいアイディアを作り出して、誰でも共有できる場所に社会的に蓄積していく。
	G	ICT リテラシー	・一般的なアプリケーションや Web 上のリソースや各種サービスに慣れ親しみ、使うことができる。	・ICT は組織の日常的な活動に埋め込まれている。共有されたコミュニティ空間がつくられ、そこでは世界規模の組織やリソースとの関係も構築しつつ、継続的に参加者によって改善される。
4 社会生活 （個として社 会の一員と して市民的 生活を担う）	H	シチズンシップ	・組織・コミュニティの規範を守る。その中で最善を尽くす。個人的な権利を優先する。	・市民として、知識創造社会の一員であると認識し、グローバルな取組に貢献することを目指す。チーム活動では、チームメンバーの多様な視点を尊重して価値を置き、フォーマルな学校や仕事場だけでなく、インフォーマルな場面でも社会的に共有された知識を構築していく。そのような中でリーダーシップを発揮し、あらゆる立場の権利を支持する。
	I	人生とキャリア 発達	・個々の特性にあったキャリアのゴールを目指す。キャリアの目標を達成するために必要な条件や可能性を、現実的に評価しながら進む。	・継続的に「生涯にわたって」「生涯の様々な場で」様々な学習機会に参画する。人生を取り巻く状況や文脈にかかわらず、知識創造者としての自己アイデンティティをもつ。
	J	個人と社会的責任	・個人として責任をもつ。それは狭い文脈の中で判断される。	・チームのメンバーは、コミュニティの知識資産を構築し改善し続ける。そこでは、文化的な影響を重視することで、多文化・多言語で変化し続ける社会には利益をもたらすようなアイディアを活用、改善しようとする。

在り方に関する検討会 - 論点整理 -」（育成すべき資質・能力を踏まえた教育目標・内容と評価の在り方に関する検討会 , 2014）において、日本における育成すべき資質・能力を以下のように述べている。

　日本における教育の普遍的な目的・目標は、教育基本法と学校教育法に記されている。

　具体的には、教育基本法第1条において、教育の目的は「人格の完成を目指し、平和で民主的な国家及び社会の形成者として必要な資質を備えた心身ともに健康な国民の育成」と規定されている。また、教育基本法第2条において、教育の目標は、「幅広い知識と教養」「豊かな情操と道徳心」「健やか

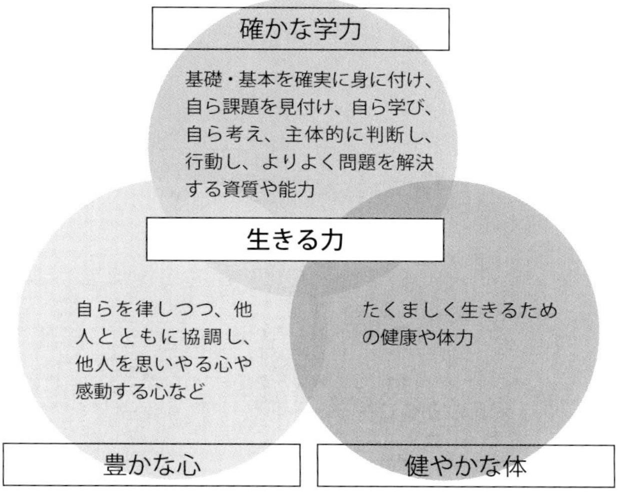

確かな学力

基礎・基本を確実に身に付け、
自ら課題を見付け、自ら学び、
自ら考え、主体的に判断し、
行動し、よりよく問題を解決
する資質や能力

生きる力

自らを律しつつ、他
人とともに協調し、
他人を思いやる心や
感動する心など

たくましく生きるため
の健康や体力

豊かな心　　　　　　　健やかな体

図 2-2-1　生きる力の具体的内容（中央教育審議会 , 2014)

な身体」「創造性」「自主及び自律の精神」「公共の精神に基づき、主体的に
社会の形成に参画し、その発展に寄与する態度」「伝統や文化を尊重する態
度」を養うことなどが規定されている。学校教育法（第 21 条）では、義務
教育の目標は「自主、自律及び協同の精神」「規範意識」「公共の精神に基づ
き主体的に社会の形成に参画し、その発展に寄与する態度」などが規定さ
れ、学校教育法（第 51 条）では高等学校の目標は、義務教育として行われ
る普通教育の成果を更に発展拡充させて国家及び社会の形成者として必要な
資質を養うことなどが規定されている。あわせて、学校教育法（第 30 条第
2 項）では、各学校における教育に当たり、生涯にわたり学習する基盤が培
われるよう「基礎的な知識及び技能の習得」「これらを活用して課題を解決
するために必要な思考力、判断力、表現力等の育成」「主体的に学習に取り
組む態度の養成」に特に意を用いる必要性を定め、これらは「学力の三要素」
というべき重要性を持つものとして捉えられている。学習指導要領には、こ
れまで初等中等教育の目指すべき理念に「生きる力」が掲げられてきた（図
2-2-1 参照）。これは 1996 年の中央教育審議会答申（「21 世紀を展望した我が
国の教育の在り方について」）で提言され、国際化や情報化の進展など、変
化が激しい時代にあって、いかに社会が変化しようと必要な資質や能力とし
て位置付けられている。また、2008 年の中央教育審議会答申（「幼稚園、小
学校、中学校、高等学校及び特別支援学校の学習指導要領等の改善について」）
でも、「生きる力はその内容のみならず、社会において子供たちに必要とな
る力をまず明確にし、そこから教育の在り方を改善するという考え方におい

て、この主要能力（キー・コンピテンシー）という考え方を先取りしていたと言ってもよい」と整理している。しかし、「生きる力」は、構成する資質・能力の具体化や、それらと各教科の教育目標・内容の関係についての分析がこれまで十分でなく、学習指導要領全体として教育内容中心のものとなっている。そのため、より効果的な教育課程への改善を目指すためには、学習指導要領の構造を、育成すべき資質・能力を起点として改めて見直し、改善を図ることが必要である（育成すべき資質・能力を踏まえた教育目標・内容と評価の在り方に関する検討会 , 2014）。

③　資質・能力の三つの柱

　上記の動向をふまえ、文部科学省は 2015 年 1 月から教育課程企画特別部会を全 14 回開催し、育成を目指す資質・能力に関する整理を行い、中央教育審議会は 2015 年 8 月に「教育課程企画特別部会における論点整理について（報告）」を取りまとめた。その後、この「論点整理」を踏まえ、各学校段階等や教科等別に設置された専門部会において、学びや知識の本質や、教科等を学ぶ本質的な意義に立ち返り、深く議論が重ねられた。そして、中央教育審議会は、2016 年 8 月に「次期学習指導要領等に向けたこれまでの審議のまとめについて（報告）」において、知識に関するもの、スキルに関するもの、情意（人間性など）に関するものという育成を目指す資質・能力の三要素を議論の出発点とし、学習する子供の視点に立ち、育成を目指す資質・能力を三つの柱で整理した。また、この際にこれまで用いられた「育成すべき資質・能力」という文言は、「育成を目指す資質・能力」に変更された。2016 年 12 月の「幼稚園、小学校、中学校、高等学校及び特別支援学校の学習指導要領等の改善及び必要な方策等について（答申）」においても、「育成を目指す資質・能力」という文言が採用され、三つの柱は、以下のように説明され述ている。

　①「何を理解しているか、何ができるか（生きて働く「知識・技能」の習得）」
　各教科等において習得する知識や技能であるが、個別の事実的な知識のみを指すものではなく、それらが相互に関連付けられ、更に社会の中で生きて働く知識となるものを含むものである。
　例えば、"何年にこうした出来事が起きた"という歴史上の事実的な知識は、"その出来事はなぜおこったのか"や"その出来事がどのような影響を及ぼしたのか"を追究する学習の過程を通じて、当時の社会や現代に持つ意味な

どを含め、知識相互がつながり関連付けられながら習得されていく。それは、各教科等の本質を深く理解するために不可欠となる主要な概念の習得につながるものである。そして、そうした概念が、現代の社会生活にどう関わってくるかを考えさせていくことも重要である。基礎的・基本的な知識を着実に習得しながら、既存の知識と関連付けたり組み合わせたりしていくことにより、学習内容（特に主要な概念に関するもの）の深い理解と、個別の知識の定着を図るとともに、社会における様々な場面で活用できる概念としていくことが重要となる。

　技能についても同様に、一定の手順や段階を追って身に付く個別の技能のみならず、獲得した個別の技能が自分の経験や他の技能と関連付けられ、変化する状況や課題に応じて主体的に活用できる技能として習熟・熟達していくということが重要である。例えば、走り幅跳びにおける走る・跳ぶ・着地するなど種目特有の基本的な技能は、それらを段階的に習得してつなげるようにするのみならず、類似の動きへの変換や他種目の動きにつなげることができるような気付きを促すことにより、生涯にわたる豊かなスポーツライフの中で主体的に活用できる習熟した技能として習得されることになる。

　こうした視点に立てば、長期的な視野で学習を組み立てていくことが極めて重要となる。知識や技能は、思考・判断・表現を通じて習得されたり、その過程で活用されたりするものであり、また、社会との関わりや人生の見通しの基盤ともなる。このように、資質・能力の三つの柱は相互に関係し合いながら育成されるものであり、資質・能力の育成は知識の質や量に支えられていることに留意が必要である。

　②「理解していること・できることをどう使うか（未知の状況にも対応できる「思考力・判断力・表現力等」の育成）」

　将来の予測が困難な社会の中でも、未来を切り拓いていくために必要な思考力・判断力・表現力等である。思考・判断・表現の過程には、大きく分類して以下の3つがあると考えられる。

- ・物事の中から問題を見いだし、その問題を定義し解決の方向性を決定し、解決方法を探して計画を立て、結果を予測しながら実行し、振り返って次の問題発見・解決につなげていく過程
- ・精査した情報を基に自分の考えを形成し、文章や発話によって表現したり、目的や場面、状況等に応じて互いの考えを適切に伝え合い、多様な考えを理解したり、集団としての考えを形成したりしていく過程
- ・思いや考えを基に構想し、意味や価値を創造していく過程

③「どのように社会・世界と関わり、よりよい人生を送るか（学びを人生や社会に生かそうとする「学びに向かう力・人間性等」の涵養）」

前述の①及び②の資質・能力を、どのような方向性で働かせていくかを決定付ける重要な要素であり、以下のような情意や態度等に関わるものが含まれる。

・主体的に学習に取り組む態度も含めた学びに向かう力や、自己の感情や行動を統制する能力、自らの思考の過程等を客観的に捉える力など、いわゆる「メタ認知」に関するもの。一人一人が幸福な人生を自ら創り出していくためには、情意面や態度面について、自己の感情や行動を統制する力や、よりよい生活や人間関係を自主的に形成する態度等を育むことが求められる。こうした力は、将来における社会的な不適応を予防し保護要因を高め、社会を生き抜く力につながるという観点からも重要である。

・多様性を尊重する態度と互いのよさを生かして協働する力、持続可能な社会づくりに向けた態度、リーダーシップやチームワーク、感性、優しさや思いやりなど、人間性等に関するもの。

　各学校では、この資質・能力の三つの柱に基づき再整理された学習指導要領等を手掛かりに、「カリキュラム・マネジメント」の中で、学校教育目標や学校として育成を目指す資質・能力を明確にし、家庭や地域とも共有しながら、教育課程を編成していくことが求められる（中央教育審議会, 2016）。また、中央教育審議会（2016）では、言語能力や情報活用能力といった教科等の枠を越えて全ての学習の基盤として育まれ活用される資質・能力についても、資質・能力の三つの柱を軸に整理し、教科等の関係や、教科等の枠を越えて共通に重視すべき学習活動との関係を明確にし、教育課程全体を見渡して確実に育んでいくことができるようにすることが重要であると指摘している。

第3節　知的障害教育における育成を目指す資質・能力の具体例に関する検討

①　目的

　知的障害教育における「育成を目指す資質・能力」の具体例を探るため、特別支援学校（知的障害）における指導内容に、どのような内容の資質・能力が扱われているのかについて分析を行う。

　本分析を行う直前において最新情報であった教育課程企画特別部会の資料（第1回〜第7回）から、第2期教育振興基本計画ならびに諸々の政府関係資料において、OECDのキー・コンピテンシーとも共通する「自立」「協働」「創造」のキーワードが多く取り上げられていること、また、教育課程企画特別部会第8回資料の資料4：教育目標・内容と学習・指導方法、学習評価の在り方に関する補足資料 ver. 6の「1. 教育目標・内容と育成すべき資質・能力について」では、OECDのキー・コンピテンシーが冒頭に挙げられていることから、これを重要視していると考えられた。そこで、国際的にも注目されているOECDのキー・コンピテンシーの各定義を「新しい時代に求められている資質・能力」の重要構成要素として着目し、分析を行う。今回は、一つの学校事例について予備的分析を行うものであり、データ数が極めて少数であるため量的な比較は行わないこととする。

②　方法

ア　対象

　対象データは、研究協力校である広島県立庄原特別支援学校で作成している単元系統表のうちの単一障害学級における生活単元学習に関わる単元とした。ただし、生活単元学習の「季節単元」「学校行事」「生活上」のうち、「季節単元」「学校行事」は授業時間が短く単発の取組であると予想されるため、「生活上」のみデータの分析対象とした。

　広島県立庄原特別支援学校では、小・中・高の全学部にわたる詳細な指導内容を単元の系統でまとめ、更に生活単元学習などの各教科等を合わせた指導においては、教科との関連性について学習指導要領と対照して整理した単元系統表が作成されている。このデータを分析する理由として、小・中・高

第 2 章　研究 1　知的障害教育における育成を目指す資質・能力についての具体的検討

の全学部にわたる分析が可能であること、また、小学部、中学部、高等部と
年齢や学部段階が上がるにつれて、育成を目指す資質・能力のレベル分け等
があるのか分析可能ではないかと考えられることが挙げられる。さらに、広
島県立庄原特別支援学校では各教科等を合わせた指導を中心とした教育課程
編成を行っているため、生活単元学習の中に広範囲の各教科の指導内容が含
まれており幅広く指導内容についての分析が可能であり、その内容がどの教
科と関連しているかも示すことができるという利点がある。加えて、各教科
等を合わせた指導である生活単元学習は、教科横断的な能力を育成しやすい、
または育成している指導の形態と考えられることから、本データを分析対象
とした。

イ　分析方法

　世界の教育の潮流はコンテンツベースドの教育からコンピテンシーベース
ドの教育へと向かっている（奈須, 2015）。このコンピテンシーベースドの
教育に大きな影響を与えているものの一つが OECD のキー・コンピテンシー
である。これは我が国における様々な、今後子供や成人に必要な育成を目指
す資質・能力の検討にも大きく影響を与えている。

　そこで、本分析では OECD のキー・コンピテンシーの具体的内容（表
2-2-2）に基づいてデータの分析を行った。広島県立庄原特別支援学校の単元
系統表の内、対象とした生活単元学習に関わるもの全てについて、まず 2 名
の知的障害教育を専門とする研究者や指導主事経験者が独立し、どのキー・
コンピテンシーに当てはまるかどうか分類した。分類の際には、各キー・コ
ンピテンシーの原初的レベル、あるいは初歩レベルの様相に該当するものも
含めた上で、いずれにも当てはまらない場合は、該当なしとした（原初的レ
ベルとは、当該のキー・コンピテンシーの起源となるような行動や態度や、
初歩レベルのキー・コンピテンシーを構成要素の一部分の行動や態度である
もの。例えば「A：言語、シンボル、テクストを相互作用的に活用する能力」
の場合、相互的に意思伝達ができなくとも指差しができる場合を原初的レベ
ル、指差しによって選択した物を伝えるといった簡単なやりとりが可能な場
合は初歩レベルと捉えることができる）（表 2-3-1 参照）。その後、2 名の分
類結果が異なる場合には、合議によって分類を決定した。なお、2 名による
分類の一致率を［一致率＝一致数／（一致数＋不一致数）］という算出式によっ
て算出した。

　さらに、その結果について、各学部段階において各キー・コンピテンシー
の概念を最も象徴し、反映していると考えられるものを合議によって一つ選

定した。

表 2-3-1　本研究における各キー・コンピテンシーの発達レベル分類

原初的なレベル	初歩レベル	高次レベル
当該のキー・コンピテンシーの起源となるような行動や態度や、初歩レベルのキー・コンピテンシーの構成要素の一部分の行動や態度であるもの。	高次レベルに至らない、発達的に初歩的なレベルでキー・コンピテンシーが現れているもの。	当該のキー・コンピテンシーの定義そのものに当てはまるもの。
例：「Ａ：言語、シンボル、テクストを相互作用的に活用する能力」の場合		
相互的に意思伝達ができなくとも指差しができる、など。	指差しによって選択した物を伝えるといった簡単なやりとりが可能である、50 音や単語などの簡単な読み書きができる、など。	様々な状況において、話したり書いたりする言語のスキルや数学的なスキル等を効果的に活用できる。

③　結果と考察

　広島県立庄原特別支援学校の単元系統表（単一障害学級版）の内、対象とした生活単元学習に関わるもの全てについて、どのキー・コンピテンシーに当てはまるか分類した。さらに、分類結果について各キー・コンピテンシーの内、各学部段階において各キー・コンピテンシーの概念を最も象徴し、反映していると考えられるものを各単元のまとまりの中から学部ごとに一つ選定し、まとめたものを表 2-3-2、表 2-3-3 と表 2-3-4 に示した。なお、2 名による分類の一致率は、単元のまとまりごとに挙げると、「学校の仕組み」で73.4%、「保健体育」で 71.4%、「進路学習（キャリア）」で 63.5%、「防災教育」で 81.5%、「社会の仕組み」で 63.8% であった。

　さて、表 2-3-2、表 2-3-3 と表 2-3-4 にあるように、「Ｆ：利害の対立を御し、解決する能力」については小・中・高のどの学部段階においても、単元目標として挙げられていなかったが、それ以外のカテゴリーに関しては何かしら当てはまる単元目標があった。また、小学部においては「Ｃ：テクノロジーを活用する能力」と「Ｈ：人生設計や個人の計画を作り実行する能力」に該当する単元目標はなかったが、中学部や高等部では該当するものがあった。

　「Ａ：言語、シンボル、テクストを相互作用的に活用する能力」や「Ｅ：協調する能力」、「Ｇ：大局的に行動する能力」に関しては、小学部では原初的レベル、あるいは初歩レベルの内容が扱われる傾向にあり、中学部、高等部と学部段階が上がるにつれて、より高次のレベルの内容へと変化する傾向

がみられた。

　以上のことから、知的障害のある子供に対しても、原初的レベル、あるいは初歩レベルの内容を含めれば、キー・コンピテンシーのような汎用的能力を既に指導で取り扱っており、またそのような指導内容を扱うことが可能であることが示された。

　なお、「Ｆ：利害の対立を御し、解決する能力」については小中高のどの学部段階においても、単元目標として挙げられていなかったことについては次のような考察が考えられる。「Ｆ：利害の対立を御し、解決する能力」に対応する、生活に身近で発達課題的にも初期段階のものとして、一つの遊具を二人で取り合う場面での建設的な問題解決が想定できる。このような状況は特別支援学校（知的障害）の教室場面でもみられる光景の一つであると考えられるが、本対象データの範囲では、単元目標に掲げられてはいなかった。これは、このような状況が指導として想定するよりも、偶発的に発生するためであると考えられる。しかしながら、発達障害のある子供を対象としたソーシャルスキルトレーニングなどでは、このような社会的問題解決についてロールプレイ等の指導技術が開発されている。偶発的に状況の発生を待つだけでは、教育機会が乏しくなることも考えられるため、このような利害が対立しても建設的に問題解決する方法について、知的障害のある子供に対しても、意図的に指導目標を掲げ、指導場面を設定する必要性を指摘できる。

表2-3-2　小学部の生活単元学習に関わる単元目標と「キー・コンピテンシー（ＯＥＣＤ）」の分類対応代表例—広島県立庄原特別支援学校の単元系統表（単一学級版）の分析から—

キー・コンピテンシー（ＯＥＣＤにおいて、単なる知識や技術だけでなく、人が特定の状況の中で技能や態度を含む心理社会的な資源を引き出し、動員してより複雑な需要に応じる能力とされる概念として選択されたもの）

大カテゴリ	小カテゴリ	左記の説明・定義	単元目標 小学部：学校の仕組み	保健体育	進路学習	防災教育	社会の仕組み
社会・文化的・技術的ツールを相互活用する能力	A：言語、シンボル、テクストを相互作用的に活用する能力	・様々な状況において、話したり書いたりする言語のスキルや数学的なスキル等を効果的に活用する力。【PISA調査・読解力、数学的リテラシー】	・簡単な文字を書いたり、なぞったりしてお礼の手紙を作ることができる。（国2（4））【学校の仕組み】	☆身体の部位を、指さしや音声、言葉などで伝えることができる。（国1（2））【保健体育】	☆簡単な語句や短い文を平仮名で書くなどして、メニューなどを作ることができる。（国3（4））【進路学習】		・簡単な語句や短い文を書いたり、なぞったりしてお礼の手紙をつくることができる。（国3（4））A
	B：知識や情報を活用する能力	・情報それ自体の本質について、例えば、その技術的なよりどころや社会的・文化的な文脈などを考慮して、批判的に深く考えることができる力。【PISA調査・科学的リテラシー】 ・他人の意見や選択肢の理解、自らの意見の形成、意思決定、確実な情報に基づいた責任ある行動を可能とする基盤。	☆学校内の教室など簡単なきまりやマナーに気付き、それらを守って行動することができる。(生2(4)(7)道徳，人権)【学校の仕組み】			☆地震避難訓練や火災避難訓練の流れが分かり，安全に避難することができる。(生3(2))【防災教育】	・いろいろな材料や用具を工夫しながら，目的に合わせて使うことで，しおりを作ることができる。(図3(2))
	C：テクノロジーを活用する能力	・個人が日々の生活においてテクノロジーが新しい方法で活用できることに気付くことが第一。 ・テクノロジーには、遠隔地間の協働、情報へのアクセス、他人との双方向のやりとりなど新たな可能性。そのためには、E-mailの送信など単なるインターネットの活用スキル以上の力が必要。					
多様な社会グループにおける人間関係形成能力	D：他人と円滑に人間関係を構築する能力	・個人が知人や同僚、顧客など個人的な関係を作り出し、維持し、発展させる力。 ・具体的には、「共感する力」、「感情を効果的にコントロールする力」。		☆教師の援助を受けながら、□□をすることができる。（生2（1）道徳，人権）（*□には，手洗い，歯磨き，うがい，乾布摩擦が入る）【保健体育】			(秋の遠足)☆教師と一緒に遊んだり，自然や生き物に興味や関心をもったりすることができる。(生1（3）(10) 道徳，人権)
	E：協調する能力	・協調に当たっては、各個人が一定の能力を持っていることが必要。グループへの貢献と個々人の価値とのバランスを図ることができる力が不可欠。また、リーダーシップを共有し、他人を助けることができることも必須。			☆教師と一緒ににこにこパーティーの簡単な手伝いや仕事をすることができる。(生1（6）キャリア，人権)"【進路学習】		(宿泊学習，修学旅行)☆進んで集団活動に参加し、自分の当番や役割を果たすことができる。(生3（5）道徳，人権)
	F：利害の対立を御し、解決する能力	・利害の対立に建設的にアプローチするには対立を否定するのではなく、それを御するプロセスを認識すること。他者の利益や双方が一定の利益を得るための解決方法への深い理解が必要。					
自律的に行動する能力	G：大局的に行動する能力	・自らの行動や決定を、自身が置かれている立場、自身の行動の影響等を理解したうえで行える力。【PISA調査・問題解決能力】					☆□□の行程を日程表で確認しながら、見通しをもって行動することができる。(生3(7)(8))（□には，宿泊学習，修学旅行が入る。)
	H：人生設計や個人の計画を作り実行する能	・人生の意義を見失いがちな変化し続ける環境のなかで、自らの人生に一定のストーリーを作るとともに意味や目的を与える力。					
	I：権利、利害、責任、限界、ニーズを表明する能力	・成文のルールを知り、建設的な議論のうえ、調整したり対案を示したりする力。 ・自分自身の権利などを表明するためのみの力ではなく、家庭、社会、職場、取引などで適切な選択をすることができる。					・交通のマナーに気付き，安全に気をつけて歩くことができる。(生2(7))なし

※複数対応する単元目標が見られた場合は、そのキー・コンピテンシーの概念を最も反映していると考えられるものを挙げた。
※黄色いセルは原初的レベル、緑色のセルは初歩的レベル、青色のセルは高次レベルを示す。

表2-3-3　中学部の生活単元学習に関わる単元目標と「キー・コンピテンシー（ＯＥＣＤ）」の分類対応代表例—広島県立庄原特別支援学校の単元系統表（単一学級版）の分析から—

キー・コンピテンシー（ＯＥＣＤにおいて、単なる知識や技術だけでなく、人が特定の状況の中で技能や態度を含む心理社会的な資源を引き出し、動員してより複雑な需要に応じる能力とされる概念として選択されたもの）

中カテゴリ	小カテゴリ	左記の説明・定義	単元目標 中学部 学校の仕組み	保健体育	進路学習	防災教育	社会の仕組み
社会・文化的・技術的なツールを相互作用的に活用する能力	A：言語、シンボル、テクストを相互作用的に活用する能力	・様々な状況において、話したり書いたりする言語のスキルや数学的スキル等を効果的に活用する力。【PISA調査・読解力、数学的リテラシー】	・学校のきまりについて、簡単なメモをとりながら聞き、分からないときは聞き返すことができる。(国（1）)	・心と身体の健康について、自分の意見をみんなに分かるように話したり、人に尋ねられたときに、はっきりと応答したりすることができる。(国（2）)【保健体育】	・相手を意識した簡単な手紙、作業日誌などの内容を、句点、読点の使い方、長音、拗音、促音、はつ音、助詞の使い方、漢字や片仮名の使い方などに気をつけて書くことができる。(国（4）)【進路学習】	☆地震避難訓練や火災避難訓練の練習に関する話について指示や説明を聞き取り行動したり、簡単な放送を聞いて、およその内容を聞き取ったりすることができる。(国（1）)	・見学施設に関して、時間的な順序や事柄の順序などの内容をつかみながら読むことができる。(国（3）) A
	B：知識や情報を活用する能力	・情報それ自体の本質について、例えば、その技術的なよりどころや社会的・文化的な文脈などを考慮して、批判的に深く考えることができる力。【PISA調査・科学的リテラシー】・他人の意見や選択肢の理解、自らの意見の形成、意思決定、確実な情報に基づいた責任ある行動を可能とする基盤。	(学校のきまり) ☆学校内にはいろいろなきまりがあることを知り、それらを地域社会でも守ることができる。(社（2）道徳.人権)	・家庭生活に必要な衣服とその着方、食事や調理、住まいや暮らし方などに関する基礎的な知識とできることを理解し、自分で処理することができる。(職・家（7）)【保健体育】	・進路先で扱う電気、洗剤や石けん、食品などについて、用途、使用手順、取扱いを知ることができる。(理（3）)【進路学習】	・地震や火災が起きた時に家庭生活に必要な、住まいや暮らし方などに関する基礎的な知識と技能があることを理解し、自分で処理することができる。(職・家（7）)【防災教育】	・秋の遠足の学習を通して病気、事故の予防に関する学習や、健康な生活に関することについて、初歩的な事柄を理解することができる。(保（3）)
	C：テクノロジーを活用する能力	・個人の日々の生活においてテクノロジーが新しい方法で活用できることに気付くことが第一。・テクノロジーには、遠隔地間の協働、情報へのアクセス、他人との双方向のやりとりなど新たな可能性。そのためには、E-mailの送信など単なるインターネットの活用スキル以上の力が必要。			☆コンピューターなどの情報機器を活用して職業機会する知識を得たり、学校周辺の事業所へ徒歩で出向き得た情報を地図としてまとめ、身近な職業に関心を持ったりすることができる。(職・家（2）キャリア)【進路学習】BとC		・修学旅行を通して、新聞、テレビ、ラジオ、インターネットなどの情報メディアに関心をもち、我が国や隣国の出来事など、世の中のおよその流れを知ることができる(社（4）)
多様な社会グループにおける人間関係形成能力	D：他人と円滑に人間関係を構築する能力	・個人が知人や同僚、顧客などと個人的な関係を作り出し、維持し、発展させる力。・具体的には「共感する力」、「感情を効果的にコントロールする力」。			☆仕事の内容に応じた適切な服装、言葉遣いをすることができる。(職・家（2）キャリア)【進路学習】		(修学旅行) ☆修学旅行を通して、友達が困っているのを見たら、手助けをしたり、自分の意見を述べたり、相手の意見を聞いたりすることができる。(社（1）道徳、人権)
	E：協調する能力	・協調に当たっては、各個人が一定の能力を持っていることが必要。グループへの貢献と個々人の価値とのバランスを図ることができる力が不可欠。また、リーダーシップを共有し、他人を助けることができることも必須。			(進路学習) ☆自分の分担の仕事をしたり、必要な時以外は人の仕事に口出し、手出しをしないことを理解したりすることができる。(職・家（4）キャリア、人権)【進路学習】		(秋の遠足) ☆用具の準備や片付けを友達と協力し取り組み、運動することができる。(保（2）道徳、人権)
	F：利害の対立を御し、解決する能力	・利害の対立に建設的にアプローチするには対立を否定するのではなく、それを御するプロセスを認識すること。他者の利益や双方が一定の利益を得るための解決方法への深い理解が必要。					
自律的に行動する能力	G：大局的に行動する能力	・自らの行動や決定を、自身が置かれている立場、自身の行動の影響等を理解したうえで行える力。【PISA調査・問題解決能力】	☆学校の中での役割を理解して、集団生活の流れに乗り、一緒に活動したり、分担された役割を果たしたりすることができる。(社（1）)【学校の仕組み】		(進路学習・おもてなし) ☆家庭で自分の身の回りのことを自分ですることを理解することができる。(職・家（6）キャリア、人権)		(宿泊学習) ☆宿泊学習を通して、ふさわしい行動をしたり、困った時、分からない時は、人に尋ねたり教えてもらったりすることができる。(社（1）道徳、人権)
	H：人生設計や個人の計画を作り実行する能力	・人生の意義を見失いがちな変化し続ける環境のなかで、自らの人生に一定のストーリーを作るとともに意味や目的を与える力。	・学校生活の流れの学習を通して、生活の中で必要に応じて時刻や時間を求め、大まかに時間の経過が分かることができる。(数（4）)				
	I：権利、利害、責任、限界、ニーズを表明する能力	・成文のルールを知り、建設的な議論のうえ、調整したり対策を示したりする力。・自分自身の権利などを表明するための力ではなく、家庭、社会、職場、取引などで適切な選択をすることができる。			(進路学習) ☆分からないときは人に尋ねたり、仕事場の決まりを理解したりすることができる。(職・家（4）キャリア、人権)【進路学習】	・地震避難訓練や火災避難訓練の練習を通して、社会生活に必要ないろいろなきまりがあることを知り、それらを地域社会で守ることができる。(社（2）)【防災教育】	・社会生活に必要ないろいろなきまりがあることを知り、それらを学校で守ることができる。(社（2）)

※複数対応する単元目標が見られた場合は、そのキー・コンピテンシーの概念を最も反映していると考えられるものを挙げた。
※黄色いセルは原初的レベル、緑色のセルは初歩レベル、青色のセルは高次レベルを示す。

表 2-3-4 高学部の生活単元学習に関わる単元目標と「キー・コンピテンシー（ＯＥＣＤ）」の分類対応代表例—広島県立庄原特別支援学校の単元系統表（単一学級版）の分析から—

キー・コンピテンシー（ＯＥＣＤにおいて、単なる知識や技術だけでなく、人が特定の状況の中で技能や態度を含む心理社会的な資源を引き出し、動員してより複雑な需要に応じる能力とされる概念として選択されたもの）

大カテゴリ	小カテゴリ 左記の説明・定義		単元目標 高等部				
			学校の仕組み	保健体育	進路学習	防災教育	社会の仕組み
社会・文化的・技術的ツールを相互活用する能力	A：言語、シンボル、テクストを相互作用的に活用する能力	様々な状況において、話したり書いたりする言語のスキルや数学的なスキル等を効果的に活用する力。【PISA調査・読解力、数学的リテラシー】	☆目的や意図などに応じて生徒総会資料内の文章の概要や要点などを適切に読み取ることができる。(国2(3))【学校の仕組み】		☆ようこそ先輩やJSTの授業などで話の内容の要点を落とさないように聞き取ることができる。(進路1(1))【進路学習】		・宿泊学習に向けて金銭や時計・暦などの正しい使い方を理解することができる。(数1(4))
	B：知識や情報を活用する能力	・情報それ自体の本質について、例えば、その技術的なよりどころや社会的・文化的な文脈などを考慮して、批判的に深く考えることができる力。【PISA調査・科学的リテラシー】・他人の意見や選択肢の理解、自らの意見の形成、意思決定、確実な情報に基づいた責任ある行動を可能とする基盤。	(高校生活)☆学校内にはいろいろなきまりがあることを知り、それらを適切に守ることができる。(社1(2)道徳、人権)【学校の仕組み】				(秋のウォーキング②)☆ウォーキングを通して心身の発育・発達に応じた適切な行動や生活に必要な健康・安全に関する事柄の理解を深めることができる。(保2(3)道徳、人権)
	C：テクノロジーを活用する能力	・個人が日々の生活においてテクノロジーが新しい方法で活用できることに気付くことが第一。・テクノロジーには、遠隔地間の協働、情報へのアクセス、他人との双方向のやりとりなど新たな可能性。そのためには、E-mailの送信など単なるインターネットの活用スキル以上の力が必要。					☆修学旅行のしおり作成時などにコンピュータなどの情報機器を利用した情報の収集、処理及び発信の方法が分かり、実際に活用することができる。(情2(4))
多様な社会グループにおける人間関係形成能力	D：他人と円滑に人間関係を構築する能力	・個人が知人や同僚、顧客などと個人的な関係を作り出し、維持し、発展させる力。・具体的には、「共感する力」、「感情を効果的にコントロールする力」					
	E：協調する能力	・協調に当たっては、各個人が一定の能力を持っていることが必要。グループへの貢献と個々人の価値とのバランスを図ることができる力が不可欠。また、リーダーシップを共有し、他人を助けることができることも必須。					☆家庭の機能や家族の役割を理解し、楽しい家庭づくりのために積極的に役割を果たすことができる。(家2(1))
	F：利害の対立を御し、解決する能力	・利害の対立に建設的にアプローチするには対立を否定するのではなく、それを御するプロセスを認識すること。他者や双方が一定の利益を得るための解決方法への深い理解が必要。					
自律的に行動する能力	G：大局的に行動する能力	・自らの行動や決定を、自身が置かれている立場、自身の行動の影響等を理解したうえで行える力。【PISA調査・問題解決能力】	☆係りや役割決めなどの際に自分の立場や意図をはっきりさせながら、意見を整理して、相手や目的、場に応じて適切に話すことができる。(国2(2))【学校の仕組み】				
	H：人生設計や個人の計画を作り実行する能力	・人生の意義を見失いがちな変化し続ける環境のなかで、自らの人生に一定のストーリーを作るとともに意味や目的を与える力。		☆職業生活に必要な健康管理や余暇の有効な過ごし方が分かることができる。(職1(6))			・職業生活に必要な健康管理や余暇の計画的な過ごし方についての理解を深めることができる。(職2(6))
	I：権利、利害、責任、限界、ニーズを表明する能力	・成文のルールを知り、建設的な議論のうえ、調整したり対案を示したりする力。・自分自身の権利などを表明するための力ではなく、家庭、社会、職場、取引などで適切な選択をすることができる。	(高校2年生)☆学校内にはいろいろなきまりや社会の慣習、生活に関係の深い法制度があることを知り、必要に応じて生活に役立てることができる。(社2(2)道徳、人権)【学校の仕組み】				・社会の慣習、生活に関係の深い法や制度を知り、日常の生活で生かすことができる。(社2(2))

※複数対応する単元目標が見られた場合は、そのキー・コンピテンシーの概念を最も反映していると考えられるものを挙げた。
※黄色いセルは原初的レベル、緑色のセルは初歩レベル、青色のセルは高次レベルを示す。

また、小学部においては「Ｃ：テクノロジーを活用する能力」と「Ｈ：人生設計や個人の計画を作り実行する能力」に該当する単元目標はなかったが、この結果から、小学部段階では知的障害のある子供には、「Ｃ：テクノロジーを活用する能力」を指導目標にするのは難しいと判断するのは早計であろう。現在でも iPad 等のタブレット端末は、タッチパネル式で知的障害のある子供でも直感的に操作しやすいものが既にあり、小学部段階でテクノロジーを活用することは十分考えられる。このような指導内容の実施には、機器の必要台数の整備状況や、教員のＩＴスキル等も関わってくる問題であり、子供の発達的な側面以外の要因のために、このような結果となった可能性もある。また、本分析では一部の生活単元学習のみを対象としているため、他教科等において当該の内容が扱われている可能性もある。

　一方、「Ｈ：人生設計や個人の計画を作り実行する能力」については、内容的にある程度の年齢、すなわち人生経験や認知的な発達を経てから挙がってくる発達課題の一つであると考えられる。このことから、キー・コンピテンシーの中にも、小学部段階でも扱われている能力もあれば、より高次の認知的な理解力を背景とし、中学部や高等部といったより年長段階で扱われている能力もあることがわかった。

　次に、キー・コンピテンシーの小カテゴリーの分類結果の内容をみると、「Ａ：言語、シンボル、テクストを相互作用的に活用する能力」では、指さしに関する記述があった以外は、シンボルに関する単元目標はなかった。子供によっては、マカトンサインやピクトグラムを用いたスケジュール、あるいは PECS（Picture Exchange Communication System：絵カード交換式コミュニケーションシステム）など、絵カードや写真によるコミュニケーション能力を指導目標にしている場合もあると想定されたが、本対象データからはみられなかった。これは、本対象データが単元目標についてのものであり、集団全体で統一的に目標として扱われるものが挙げられ、個別で種々異なるような指導内容については取り上げにくいという性質が影響していると考えられる。

　「Ｂ：知識や情報を活用する能力」については、教室内のきまりやマナー、地震避難訓練等における流れの理解、家庭生活に必要な衣服は食事等、進路先で使用する電気や洗剤等、健康・安全に関する知識や情報について取り扱われていた。このことから「Ｂ：知識や情報を活用する能力」については、様々な内容の知識内容が取り扱われていることがわかった。ただし、単元目標の記述からは、その知識や情報の認知的な質のレベルや量については判断でき

なかった。実際の授業では、個々人の実態に応じて目標が設定されていることが想定される。

　また、「Ｄ：他人と円滑に人間関係を構築する能力」については、本対象データでは、教員との関わりに関するものがほとんどであった。特別支援学校（知的障害）においても、協同学習の実践が近年報告されるようになり、子供同士が関わり合いの中で学び合い、また人間関係のスキルを獲得したり、仲間関係が好ましい方向へ変化したりすることが示されている（藤原，2015，村中，2013，静岡大学教育学部附属特別支援学校，2013）。これらの実践についても情報収集し、知的障害のある子供の「Ｄ：他人と円滑に人間関係を構築する能力」の具体的なイメージについて検討する必要がある。まだ同時に、どのような知的発達の実態の対象集団で構成され、どのような単元目標が設定されているのか、子供集団の実態と併せて単元目標を分析する必要がある。

④　考察のまとめ

　今回得られた結果に対する考察をまとめると以下のようになる。

　知的障害のある子供に対しても、原初的レベル、あるいは初歩レベルの内容を含めれば、キー・コンピテンシーのような汎用的な能力を既に指導で取り扱っており、またそのような指導内容を扱うことが可能であることと、キー・コンピテンシーの中にも、「Ａ：言語、シンボル、テクストを相互作用的に活用する能力」のように小学部段階でも扱われている能力もあれば、「Ｈ：人生設計や個人の計画を作り実行する能力」のように、より高次の認知的な理解力を背景とし、より学年の上がった年長段階で扱われている能力もあることがわかった。

　さらに、今後知的障害教育における「育成を目指す資質・能力」の分析に当たっては、実際の授業では個々人の実態に応じて目標が設定されていることや、対象集団の構成によって指導の目標の内容が影響されることが考えられるので、今後は対象集団の実態も合わせて分析する必要性が指摘された。特別支援学校（知的障害）に在籍する子供の知的発達の程度は最重度の者から軽度の者まで様々であり、また生活年齢が上がるたびに伸長していく発達の進度も人それぞれ異なっている。そして一方で、知的発達の程度が幾ら重度の遅れがあっても、生活年齢の高まりに見合った生活経験が与えられるべきである。したがって、各キー・コンピテンシーの中にも、発達的に原初的又は初歩から高次までの段階が想定されることがわかったが、単純に学部段階で、「育成を目指す資質・能力」の段階分けをしてよいとは言い切れない

だろう。知的障害の程度、コミュニケーションの手段や言語理解と言語表出のレベルなど子供の実態も合わせて今後分析する必要があるだろう。

　最後に、従前の知的障害教育において重要であるとされてきた指導内容でありながら、キー・コンピテンシーの分類には当てはまらなかった指導内容がないか考えてみると、体力作りに関する内容については挙げられていないことを指摘できる。これまで、特別支援学校（知的障害）では、社会自立や就労のために体力づくりも重要な指導内容として取り組んできた。しかし、キー・コンピテンシーのみに焦点化した分析の場合、それらに関する内容は除外されてしまった。社会や時代の変化に対応するために新しい時代に必要な育成を目指す資質・能力のほかに、従前の知的障害教育において重要であるとされてきた指導内容についてもきちんと押さえておく必要があると考えられる。

第4節　イギリスの知的障害教育における教育課程と育成を目指す資質・能力

イギリスの知的障害教育における
教育課程と育成を目指す資質・能力

①　イギリスにおけるナショナルカリキュラムの概要
ア　ナショナルカリキュラムの概要

　イギリスの教育課程はナショナルカリキュラム（National Curriculum）によって定められている。このナショナルカリキュラムは日本の学習指導要領に似たもので、1988 年制定の教育法により導入されたものである。このカリキュラムそのものに法的拘束力はないが、教育水準局（Ofsted）が行う定期的な査察やナショナルテストによる学力評価はこのナショナルカリキュラムに基づくため、学校で行う学習内容はこのカリキュラムの内容にそって行われることになる。

　イギリスの義務教育は 5 歳から 16 歳であり、子供たちは公立学校の場合、日本の小学校に当たるプライマリースクールに 5 歳から 11 歳まで、中学校に当たるセカンダリースクールに 12 歳から 16 歳まで通学することになる。この義務教育期間は 4 段階に分けられ、それぞれの段階をキーステージ（Key Stage、以下 KS）と呼び、プライマリースクールの 1、2 学年を KS1、3 から 6 学年を KS2、セカンダリースクールの 7 から 9 学年を KS3、10、11 学年を KS4 と区分している。

　ナショナルカリキュラムは、学年ごとに内容が示されているのではなく、教育プログラム（Programme of study）と到達目標（Attainment target）のレベルが定められている。教育プログラムは、各 KS における各教科の教育内容を大まかに示したものであり、これを基に到達目標が作成されている。到達目標では、各教科毎に 1 から 8 までのレベルが設けられ、各 KS 毎に期待される到達目標を規定している。この到達目標は全ての子供に一様に定められているわけではなく、例えば、KS2 では、取り組むべきレベルは 2 から 5、達成目標水準は 4 とするなど、一人一人の子供にあわせられるよう緩やかに設定されている（横尾・渡部、2010）。

イ　障害児教育の教育課程

　障害児の教育制度は、Special Educational Needs and Disability（以下 SEND）と呼ばれている。この制度では、障害カテゴリーで教育を考えるの

ではなく、一人一人の特別な教育的ニーズ（Special Educational Needs）を元に特別な教育的な手立て（Special Educational Provision）を考えることを中心概念としている。知的障害は学習困難（Learning Difficulties）の教育的ニーズに含まれている。

　教育課程については、日本と違い障害児教育に特化したものはなく、原則としてナショナルカリキュラムが知的障害などの学習困難を教育的ニーズとする児童生徒に対しても適用される。実際に、プライマリースクールやセカンダリースクールで学習する学習困難のある子供の場合、特別な教育的な手立てによって、ナショナルカリキュラムの範囲の中で学習が可能であることが多い。しかしながら、特別学校などで学習する子供で、特に重い知的障害のある子供の場合、その教育的なニーズは複雑で通常のナショナルカリキュラムが適用できない場合がある。ナショナルカリキュラムは柔軟性があるので、適用外になることは少ないが、学校長が所定の手続をとれば、6か月以内の短期間であれば適用外にすることが可能とされている（Department for Education and Skills、2004）。この適用外の対象になるものとして、KS4の終了前において特別な目的がある場合、カリキュラムの改善計画や研究開発の場合、SENを認定する法的な文書（EHCプラン（Education, Health, Care Plan））を保有している場合が規定されている。

　このように、ナショナルカリキュラムへのアクセスを全ての子供に対して保障するということは法的要件とされているが、これは、教育の権利として教育内容の保障が捉えられているからである。しかしながら、実際にはナショナルカリキュラムのレベル1に達していない子供がいるため、教育の権利を保障することと実際の教育活動を保障することの間に矛盾が生じることになる。こうした矛盾を合理化することを目的として達成目標を示したPスケール（P-Scales）がある。Pスケールはあくまでもカリキュラムではなく細分化された到達目標基準で、ナショナルカリキュラムのレベル1に達していない子供の到達目標の概要と重要なスキルについて設定している（QCDA、2009）。1998年に作成され、その後何度か改訂されて現在に至っている。

　Department for EducationのWebサイト「What are 'P' scales and how do I get hold of a copy?」では、Pスケールについて下記のように説明されている。

　Pスケールはナショナルカリキュラムの最初のレベル（レベル1）に向けて取り組んでいる特別な教育的ニーズ（SEN）を持つ児童生徒のアチーブメ

ントを記録するための，記述セットである。8つの異なったレベルに分かれており，P1が最も低く，P8が最も高いレベルです。P8レベルはナショナルカリキュラムのレベル1につなげるためのものです。P1からP3レベルは，初期の学習の，そして概念の発達を記述するためのもののため，教科が特定されていないものです。これらの初期のレベルでは，カリキュラムの教科は学習のための特定の状況を提供します。(後略)

　また、Ｐスケールの目的としては、①総括的な評価をする、②継続的観察による専門的な評価をする、③ナショナルカリキュラム　レベル1に向けての段階的発達を評価する、　④Ｐスケール内あるいは教科の枠を超えて横断的な発達を評価する、⑤個々の生徒あるいは生徒集団の到達目標を設定するための手段の一つとして活用すると説明されている（Department for children, schools and families, 2009）。

　このＰスケールはあくまでもナショナルカリキュラムにアクセスできるようにするための達成目標の基準の位置付けであるため、原初的なレベルの活動目標からナショナルカリキュラムレベル1の一歩手前のレベルの学習内容まで、段階的に述べられている。したがって、内容はナショナルカリキュラムの文脈を踏まえているものと考えて良いだろう。

②イギリスにおける育成を目指す力の捉え

　2014年のナショナルカリキュラム（Department for Education,2014）では、英語、算数、理科、社会などのコア教科のほかに、ICTや体育、音楽、宗教教育、市民教育などについて内容が定められ、思考スキル（thinking skills）、キースキル（key skills）、精神・倫理・社会性・文化の発達（SMSC：spiritual, moral, social and cultural development）の3つの力を、カリキュラムを横断して行うとされている。これらの3つの力は、表2-4-1のように整理できる。この3つの力のうち、キースキルについては中央教育審議会の教育課程部会の中でも、我が国で検討されている育成を目指す力に対応する海外の情報の中で取り上げられている。

　このキースキルについては、2012年に改訂が行われ、functional skillsと名称が変更された。また、キースキルのそれぞれの力を、英語、算数（数学）、ICTの領域の中に位置付けるという枠組みの変更も行っている。

　しかしながら、本節の目的である知的障害教育における育成を目指す資質・能力については、知的障害児教育のガイドブックを作成しているEQUALS

49

では、依然としてキースキルに対するガイドブックを出し続けていることなどから、障害児教育分野においてのキースキルの位置付けはまだ重要であると考えらえる。

表 2-4-1　ナショナルカリキュラムにおいて目指している 3 つの力

思考スキル	社会性・倫理・精神のコンピテンシー	キースキル
・情報処理スキル	・自分についての知識と精神的気づきを高めることができる	・数の応用力
・推論スキル	・他者の感情と価値、そして信念を理解しそれを尊重することができる	・コミュニケーション能力
・探求スキル	・正しいことと誤っていることを区別する原理を理解しそれを応用することができる	・情報活用能力
・創造的思考スキル	・地域社会にすむ責任を理解しその責任を果たすことができる	・チームワーク力
・評価スキル	・自己と他者のそれぞれの文化的伝統の良さを認めることができる	・自己改善力
		・問題解決力

③　知的障害教育におけるキースキルの考え方

　ここでは、2009 年に出された資格課程局（以下、QCA）の文献をもとに、イギリスでキースキルを知的障害教育でどのように考えているかについて紹介する。2009 年に QCA は知的障害のある子供に関してのスキルのガイドブック「スキルの育成－学習困難のある児童生徒のカリキュラムの計画と授業とアセスメント－（Developing Skills : Planning, teaching and assessing the curriculum for pupils with learning difficulties）」を刊行している。このガイドブックは学習困難のニーズのある児童生徒が所属する様々な学校において、適切な学習課題の設定、生徒の多様な学習ニーズへの対応、学習の潜在的な障壁があったとしても全ての学習者を評価できるように学校が包括的なカリキュラムを作成するときに役立つとされている。

　対象となる生徒は 5 ～ 16 歳の全ての生徒であり、人種、文化、宗教、家庭の言語、家族の背景や性別、又は知的障害など学習するのに困難さのある（キーステージ 4 レベル 2 以上であり、学習するのに深刻な難しさがある）生徒を含めている。

　このガイドブックの対象は、生徒の教育に関係するクラス教員、コーディネーター、特別教育ニーズコーディネーター（SENCo）などの教育関係者

をはじめ、両親、介護士、セラピスト、地方自治体、福祉関係者等の専門家に向けて書かれている。ガイダンスには、カリキュラムの計画と開発のサポート、カリキュラム全体でのスキルの向上、ナショナルカリキュラムのそれぞれの教科を学ぶための計画・指導・アセスメントに関する教科の構成要素の三点が含まれている。

　また、一般的な能力開発に焦点をあてた構成するスキルとしてキー・ファンクションスキル（key function skills）、学習のためのスキル（skills for learning）、思考スキル（Thinking skills）、個人のスキルや他の優先スキル（Personal skills and other priorities）に分け、表のようにそれぞれの項目について例を挙げている（表2-4-2〜表2-4-5）。この内容は、対応するキーステージでのナショナルカリキュラム内容を行うことが難しい知的障害のある子供であっても、ナショナルカリキュラムで目指している力を、学習活動に組み入れることができることを示している。表は項目が下になるにつれて、発達段階的に高次なものへなるように配列されているものもあれば、その項目を構成する要素が示されているものもある。

第2章　研究1　知的障害教育における育成を目指す資質・能力についての具体的検討

表 2-4-2　キー・ファンクションスキルに関する目指すべき力の例

コミュニケーション（Communication）	・他の人に対応する（例：表情やジェスチャーを通じて） ・他の人とコミュニケーションする（例：好みやニーズを表す） ・他の人と交流する（例：参加している他の人と相互に見つめ合うことを通じて） ・他のグループの人と適切なコミュニケーション手段を用いて効果的にコミュニケーションをする（例：教員と一緒に小さなピアグループや学校の集まりの中で一対一で） ・多様な目的でコミュニケーションをする（例：感覚を表す、友好を形成し維持する、記述したりコメントする） ・異なった文脈において適切なコミュニケーションをする（例：教室、地域のお店、作業場所、家で） ・情報を識別して取り入れる（例：写真、絵、記号、テキスト、材料から食べ物を準備するレシピ） ・いろいろな方法で情報を記録し、思い起こす（例：行動マネージメント用の自己査定シートを用いる） ・出現している読み書き能力スキルの適用 （例：コミュニティーで使われるロゴや記号や案内標識を認識する）
数の応用力（Application of mathematical and number skills）	・子どもの物の永続性への理解と適応を助ける対象物を探したり、操作したりする ・パターンとルーチンを認識したり、予測したり、解釈すること（例：一日の活動を順序立てて並べること、太鼓のリズムを真似すること、演劇や体育の中で止まれや進めの指示に従うこと） ・マッチング、並べ替え、グルーピング、比較、分類の活動（例：物を購入するためにレジでお金を払う） ・データを集めたり、記録したり、解釈したり、表現すること（例：ひまわりの成長を観察することや家の類型や目の色に関連した調査を実行したり、おもちゃを作ったり、あるいは好きなサンドウィッチの詰め物を調理したりする計画を立てること） ・実際的な問題を解決するための数学的な言語の使用を理解すること（例：集会のために椅子を準備すること、テーブルを整理すること、正しいバスに乗ること、旅行のタイムテーブルを利用すること）
情報活用能力（Using information and communication technology）	・広範な刺激に関心を持つ（例：コンピュータ画面に現れる画像を追視する、あらかじめ録音されたサウンドエフェクトを聞く） ・コンピュータによって提示される指示で活動する（例：スクリーン上に現れた2つのオプションから選択する） ・環境に影響する（例：音楽を始めるためや、他の人の注意を引き付けるためや会話を始めるためにスイッチを使う） ・自立的な能力を伸ばすこと（例：電動車椅子のジョイスティックを使って学校内を移動する） ・コミュニケーションを円滑に行えるようにする（例：提示方法を進歩させるために写真撮影をする、スピーチアウトプット装置で自分の選択を示す、電子メールを使う） ・情報源として利用する（例：テレビ、電子メール、インターネットあるいはＤＶＤを使うこと）

表 2-4-3　学習のためのスキル（Skills for learning）に関する目指すべき力の例

チームワーク力 （Working with others in a team）		・ソーシャルスキルの育成（例：他の人を認識して寛容さを示す、他の人の感情と考えを認識し共感する、自分の考えを変える、共有する、聞くことと話すことのバランスをとる、交渉する、助ける） ・他の人の注意を得たり、維持したり、方向付けたりする（例：グループ活動に参加することを頼むために声を出したり合図したりする） ・状況にあった異なった役割を取り入れて受け入れる （例：グループリーダー、記録係や報告者） ・グループの大きさや環境によって違う、公式・非公式のルールと習慣を認識する （例：パーティー、遊び場でのゲーム、1対1の会話、実務経験 ・共通の目的を認識する（例：演劇で場面を作るための協働）
自己改善力 （Reflecting on learning）		・タスクがなぜ実行されるか、そしてそれが何を伴うかを認識する（例：これが軽食の準備であることを理解した上で広げたり切ったりする台所での活動に参加する） ・どうなれば仕事の完成なのかを認識する（例：仕事場で示された結果や達成の状況を示したシンボルを意識する） ・好みや選択について表現する（例：作業スタイルや教育課程領域において） ・好みの理由を伝える（例：ある教科の好みが友人たちと協働を意味する理由から） ・個人的な達成を認識する（例：カリキュラムの1つの領域に対して自信が深まると楽しくなることを知る） ・経験される困難を認識する（例：缶切りを使う、見知らぬ大人と話をする、助けを求めること） ・得意と苦手を識別し評価する（例：「私は…が得意です」「私は…で手助けを必要とします」をいえる） ・失敗から学び、自身のパフォーマンスを改善する（例：給食の給送に歩調を合わせるために、支援員をガイドするために表情を使うことを忘れずにいる） ・目標を設定する （例：支援員の言葉がけ「次に何をしますか？」に応える） ・注意と集中力、他人による管理から自己管理に成長する、作業の間に注意を切り替える能力を身につける
問題解決能力 （Problem solving and independent enquiry）	認識 （Perception）	・機会を認識する（例：問題を解決するグループの試みに参加する） ・問題を認識して確認する（例：手が届かない大好きなおもちゃ、旅行の前に見つからないバスの定期、心地が悪い姿勢）
	考え （Thinking）	・問題の要素を分割する（例：食事には食物を買い、食物を料理し、盛り付けし、片付けることが伴うこと） ・問題の適切な特徴を熟慮する（例：台所のシンクから水があふれているときに何をするべきか） ・問題を解決するプランニング方法（例：他の生徒と以前にあった似た困難の解決について話し合う）
	行動 （Activities）	・どのように問題を解決するべきか覚える（例：リハーサルや視覚化あるいはシンボルスクリプトのようなストラテジーを用いる）
	評価 （Evaluation）	・計画がどのようにうまくいったかを評価する（例：誠実に問題解決の試みの後に、どのくらい貢献したかについて11の発達スキルをアセスメントする） ・既存のプランと戦略をいつ変えるべきかを認識する（例：行動を始める前に、他の生徒と考えたり話をすることをやめたりする）

第 2 章　研究 1　知的障害教育における育成を目指す資質・能力についての具体的検討

表 2-4-4　思考スキル（Thinking skills）

感覚意識と知覚 （Sensory awareness and perception）	視覚の使用（例：固定する、探索する、追視する、焦点を合わせる） 聴覚の使用（例：聞く、音に反応する） 触覚の使用（例：異なる質感の物を触る、異なる密度の物を握る） 感覚の使用の協調（例：視覚と運動、触覚と味覚）
初期の思考スキル （Early thinking skills）	予測し、先取る 思い出す（例：絵に描くことや、口頭でのリハーサルとクラスタリングによって） 原因と結果の理解 オブジェクト、イベントや経験を結びつける 創造的で想像力豊かに考える（例：遊びや経験を通して、新しい関係やアイデア に関する発見と応用を通して、活動的な探索を通して）

第4節　イギリスの知的障害教育における教育課程と育成を目指す資質・能力

表2-4-5　個人のスキルや他の優先順位の高いスキル（Personal skills and other priorities）

身体的、環境適応、移動のスキル（Physical, orientation and mobility skills）		体の一部分の運動能力（例：つかむ、握る、放す、操る） 運動の協調を含めた体全体の運動能力（例：手足を伸ばす、回転する、歩く） 姿勢保持（例：頭部の位置のコントロール） 環境に適応する（例：部屋間を移動する） 移動するための補助具を扱ったり管理したりする（例：添え木、杖、車いす）
組織・勉強スキル（Organisation and study skills）		出席し注意を向ける（例：言語の指示を聞いて学ぶ） 関心と意欲を維持する（例：長時間の仕事中） 自身の環境を選んだり整えたりする（例：自身のロッカーや作業スペースを飾る） 自身の時間を管理する（例：スケジュールを用いて管理する） 定型的な業務を行う（例：昼食のために必要な食器類を人数分並べる） 自身の責任を果たす（例：経験のある業務を自主的に取り組む）
個人・社会的スキル（Personal and social skills）	身の回りに関するスキル（Personal care skills）	着衣・着脱 飲食 衛生管理 トイレの使用 日常的な医療行為
	自身の行動管理（Managing their own behavior）	自傷行動 対立的な不履行 極端に避けたり、やめたりする状態 （簡単なことでも）パニックを起こしそうな課題や行動を避ける 不適切な性行動
	自身の感情管理（Managing their own emotions）	家や学校など身近な状況の変化を経験する 思い通りにならないことや失敗に対処する 新しいことや難しい状況に対応する 他人への極端にポジティブもしくはネガティブな反応を表現する （人生の中で）大切なものを失うことや悲しみに対処する 青年期と成人期の変化に順応する 低い自己肯定感を経験する
日常生活スキル（Daily living skills）	家庭スキル（Domestic skills）	軽食を準備する 食材の準備、料理および家の管理 バランスの良い飲食物をとることを計画する能力 説明書やレシピに従う 料理スキル（例：スライス、おろす、泡立てる、切る、混ぜる、注ぐ） 器具を使う（例：やかん、トースター、電子レンジ、炊飯器、フードプロセッサー） キッチンでの健康と安全を理解する（例：衛生、安全な行動と動作）
	地域スキル（Community skills）	社会的な場所に関する語彙を獲得する 地域の施設や設備を使用する（例：カフェ、公園、レジャーセンター、運動場、図書館、公衆トイレ） 限られた地域を知る 買い物スキルを獲得する（例：店の場所、店内での商品の場所、リストの使い方、支払方法） 電話を使える 助けの呼び方を知る（例：警察、地域の看護士・医者） お金を実際的に使う 公共交通機関を計画的に使う
余暇・レクリエーションスキル（Leisure and recreational skills）		好きなことや選びたいことの意思表示ができる（例：学校でよく知っている二つの活動から選ぶ、クラブ活動でゲームのグループを選ぶ、余暇活動を選ぶ【広範囲〜狭範囲】） 授業以外の時間を楽しめる（例：休憩時間、昼食時間、家での時間） 集団活動に参加する（例：スカウト、スポーツクラブ、青少年団体） 限られた地域の外部設備を使用する（例：スイミングプール、ボーリング、映画） ラジオやテレビを選んで見たり聞いたり感想を言う

第5節 小・中学校で扱う育成を目指す資質・能力と知的障害教育において育成を目指す資質・能力の具体の類似性

　育成を目指す資質・能力について、通常教育と知的障害教育において基本的な方向性は変わるものではない。まず、キー・コンピテンシー、21世紀型スキル、国際バカロレアから見ていくことにする。

　キー・コンピテンシーにおいては、「DeSeCoで定義されたキー能力の概念は3つの一般的な基準に基づいている。」として、そのうちの1つに「全ての個人にとって重要である」を挙げ、「エリートの利益を促進するのではなく、むしろ社会的平等に貢献するように能力を高めることにこだわる」（ドミニク・S・ライチェンら, 2006）とあるし、21世紀型スキルにおいては、「私たちは、『最も良い』場合を想定して、何が知識創造の構築要素となるのか、そしてどんな特性や能力がそれを可能にするのかを考えることから始めるとよいかもしれません。それは、あらゆる種類の『ソフト』スキルの特徴であり、全ての人が既にある程度もっているものです」（Griffin, McGaw, & Care, 2012 三宅監訳, 2014, p.84）「こうしたスキル（例えば、コミュニケーション、コラボレーション、柔軟性）は「ソフトスキル」と呼ばれることが多く…」（Griffin et. al., 2012 三宅監訳, 2014, p.94）、「21世紀型スキルを知的エリートだけのものとしておくのではなく、誰にでも使えるようにするためには、知識創造を支援する環境を全ての人に利用可能なものにする必要があります。」（Griffin et. al., 2012 三宅監訳, 2014, p.102）とあるように、一部の知的エリートだけではなく、全ての人を対象にしていることがわかる。国際バカロレアの初等教育プログラム（PYP）の枠組みにおいても、「それ（筆者注:PYP）は、一人ひとりの児童が個々の発達に合った方法で意欲的に参加するプログラムであり、学校がこれを、誰にでも開かれた、インクルーシブな方法で実施することを意図しています。」（国際バカロレア機構, 2016）とあり、インクルーシブな概念は尊重されていることがわかる。

　日本の具体についてみていくと、『特別支援教育部会における審議のまとめ』では、以下のように初等中等教育全体の改善・充実の方向性は特別支援学校においても重視すべきことが述べられている。

　まず、「3．特別支援学校」の「（1）基本方針」の「改善・充実の方向性」

において「今回の学習指導要領等の改訂が目指す、①教育が普遍的に目指す根幹を堅持しつつ、社会の変化に視点を向け、柔軟に受け止めていく「社会に開かれた教育課程」の考え方、②育成を目指す資質・能力についての基本的な考え方、③課題の発見や解決に向けた主体的・協働的な学びである「アクティブ・ラーニング」の視点を踏まえた指導方法の充実、④カリキュラム・マネジメントなど、初等中等教育全体の改善・充実の方向性は、特別支援学校においても重視することが必要である。」として、資質・能力についての基本的な考え方を小中高等学校と同様に重視すべきことが述べられている。また、同じく「3.特別支援学校」の「（3）知的障害者である子供たちに対する教育課程」の「改善・充実の方向性」では「今回の小学校等の学習指導要領の改訂において、各学校段階の全ての教科等において、育成を目指す資質・能力の三つの柱に基づき、各教科等の目標・内容が整理される方向であることを踏まえ、知的障害者の子供たちのための各教科において育成を目指す資質・能力の三つの柱は小学校等の各教科と同じであることを明確に示すとともに、知的障害者である子供たちのための各教科の目標・内容について小学校等の各教科の目標・内容との連続性・関連性を整理することが必要である。」としている。あるいは、「4.幼稚園等、小・中・高等学校と特別支援学校との連続性」「（2）改善・充実の方向性」では「今回の学習指導要領改訂における小・中学部を中心とした知的障害のある子供たちのための各教科の目標・内容の整理を踏まえ、長期的には、幼稚園、小・中・高等学校、特別支援学校との間で、教育課程が円滑に接続し、子供たち一人一人の学びの連続性が実現されるよう、国として、学校種別にかかわらず、各教科の目標・内容を一本化する可能性についても検討する必要がある。」として、知的障害者の子供たちのための各教科において育成を目指す資質・能力の三つの柱は小学校等の各教科と同じであり、幼稚園、小・中・高等学校と特別支援学校との間で教育課程の円滑な接続を目指すべきことが述べられている。

　答申（中央教育審議会、2016c）においては、「第5章　何ができるようになるか」の「6.資質・能力の育成と、子供たちの発達や成長のつながり」において「資質・能力の三つの柱など、育成を目指す資質・能力についての基本的な考え方を、通常の学級、通級による指導、特別支援学級、特別支援学校において共有することで、子供の障害の状態や発達の段階に応じた組織的、継続的な支援が可能となり、一人一人の子供に応じた指導の一層の充実が促されていくと考えられる。こうした方向性は、障害者の権利に関する条約に掲げられたインクルーシブ教育システムの理念を踏まえ、子供たちの十

分な学びを確保し、子供たちの自立と社会参加を一層推進していくためにも重要である。」（p.43）とあり、新学習指導要領において育成を目指す資質・能力についての基本的な考え方は同一であることがわかる。

なお、付言すれば、小・中学校に置かれた特別支援学級では、答申（中央教育審議会、2016c）の「第5章 何ができるようになるか」の「2．全ての資質・能力に共通する要素に基づく教育課程の枠組みの整理」にあるように「教育課程全体を通じてどのような資質・能力の育成を目指すのかは、各学校の学校教育目標等として具体化されることになる。」とあり、育成を目指す資質・能力は学校として定めるものであり、通常の学級と特別支援学級で変えるべきものではないことがみてとれる。

知的障害教育はこれまでも「つけたい力」の育成を図ってきた。その中身は、①教科等の内容であったり、②生活に密着した内容やスキルであったり、③生きていくために必要な能力であったりする。例えば「買い物学習」では、①は数の計算、②は買い物ができることそのもの、③は店員とのコミュニケーション能力、であろう。小・中学校における通常の教育課程においても「つけたい力」は大切な指導事項である。例えば、小学校算数の目標は「…進んで生活や学習に活用しようとする態度を育てる」ことである。全国学力・学習状況調査平成22年度算数B問題では、えんぴつと消しゴムの買い物という状況において、児童自身が「つくった問題が適切かどうかを現実の場面に即して吟味し修正できるようにする」「不十分な考え方や式の表現を吟味したり修正したりすることの大切さを理解できるようにする」という力をつけることが求められている。前者は②や③に相当し、後者は①の一部に当たるところであるだろうし、残る①の一部である計算そのものは全国学力・学習状況調査でいえばA問題で扱う部分であろう。また、平成27年度算数Bでもトマトの買い物という状況において、「買物を例にとっても，どちらの商品が得になるのかを考える際には，示された情報から合理的，能率的に処理することが求められる場合がある。」ことが扱われている。これはまさに日常生活の中での合理的・能率的な問題解決であり、その典型例として買い物という文脈が選ばれている。このようにみると、知的障害教育においても小・中学校で育成を目指す資質・能力とは、（扱う文脈についても）一致していることがわかる。

第6節 まとめと今後の課題

　『3．知的障害教育における「育成を目指す資質・能力」の具体例に関する検討』により、知的障害のある子供に対しても、原初的レベル、あるいは初歩レベルの内容を含めれば、OECD のキー・コンピテンシーのような汎用的能力を既に指導で取り扱っており、そのような指導内容を扱うことが可能であることと、キー・コンピテンシーの中にも、発達的に初期段階でもみられる能力もあれば、より高次の認知的な理解力を背景とする能力もあることがわかった。知的障害教育における「育成を目指す資質・能力」の具体像の一端を示せたと言えるだろう。表 2-2-3 の 21 世紀型スキルの具体例で示されている各スキルの初歩レベルと高次レベルの内容や、表 2-4-2 ～表 2-4-4 イギリスの知的障害のある子供を対象としたキー・ファンクションスキルの内容例等を参考に、日本の知的障害教育においても、学校現場での実践を積み重ねながら、育成を目指す資質・能力が発達・伸長していく段階を明らかにすることが今後の課題となるだろう。

　また、その際には知的発達や認知発達のレベルだけでなく生活年齢も考慮しつつ、知的障害の実態の多様性に対応できる分類を考える必要がある。このような情報は、特別支援学校（知的障害）だけでなく、知的障害特別支援学級においても役立つ情報となるだろう。

　ところで、山田・米田（2011）は、1962（昭和 37）年の学習指導要領改訂において、生活年齢に応じた生活能力の育成を重視する教育観や学校内での学習が学校外の生活や将来の生活に生かされることを重視する考え方により、知的障害教育の独自の教科が設定されたが、同様の考え方は現行の小・中学校の各教科における指導の留意事項や教科外課程の内容として記述されており、特別支援教育と通常の教育がより接近しつつあることを指摘している。

　過去には、系統主義か経験主義かといった教育論争もあったわけであるが、国内外の教育の潮流は、国語なら国語の領域固有知識である「内容」（コンテンツ：content）を基盤としたコンテンツ・ベイスの教育から、領域を超えて機能する汎用性の高い「資質・能力」（コンピテンシー：competency）

59

を軸としたコンピテンシー・ベイスの教育へと軸足を移しつつある（奈須・江間，2015）。奈須・江間（2015）は、これについて、これまでの学力論に非認知的能力を含めた大幅な拡張と刷新を求めるものであると述べている。

　このような国内外の潮流を反映した今回の学習指導要領改訂により、特別支援教育と通常の教育の連続性についての議論が進むことが予測される。新学習指導要領は、障害の有無にかかわらず、教科の本質や育成を目指す資質・能力は変わらないという立場をとっている。本稿第5節において福本も指摘したように、知的障害児を対象とする特別な教育課程においても、小・中学校における通常の教育課程においても、それぞれの学習内容の中で、同様の資質・能力の育成に関する指導が可能である。新学習指導要領の育成を目指す資質・能力の3つの柱である、生きて働く「知識・技能」の習得、未知の状況にも対応できる「思考力・判断力・表現力等」の育成、学びを人生や社会に生かそうとする「学びに向かう力・人間性等」の涵養（下線部は筆者による）が挙げられているが、下線が引かれた文言の趣旨をよく吟味して、何を学ぶか、すなわち指導内容を考えていくことが重要になるだろう。

　ところで、知的障害児を対象とする特別な教育課程と、小・中学校における通常の教育課程との近接性は、障害のある子供と障害のない子供が共に同じ場で学んだり交流したりする「交流及び共同学習」にも好影響を与えることだろう。知識・理解の獲得を求めるコンテンツ内容は障害のある子供とない子供で異なっても、同じ領域のコンピテンシー、すなわち資質・能力を指導目標として、授業を計画することもできるだろう。もちろん、障害のある子供に対して、学習内容や子供に求める学習到達度の変更・調整などの検討も合わせて必要だろう。新学習指導要領が実施された場合、「交流及び共同学習」について、どのような実践の広がりや深まりが実現できるのか、今後これらの視点を考慮した研究の積み重ねが必要である。

（涌井恵・半田健・横尾俊・松井優子・福本徹・村井敬太郎）

引用文献

中央教育審議会（2006）中央教育審議会初等中等教育分科会教育課程部会教育課程企画特別部会（第15回）配付資料［資料2］OECDにおける「キー・コンピテンシー」について，文部科学省.

中央教育審議会（2016a）次期学習指導要領等に向けたこれまでの審議のまとめについて（報告），文部科学省.

中央教育審議会（2016b）特別支援教育部会における審議の取りまとめ，文部科学省.

中央教育審議会（2016c）幼稚園、小学校、中学校、高等学校及び特別支援学校の学習指導要領等の改善及び必要な方策等について（答申），文部科学省.

Department for Education, QCA（2004）National Curriculum Handbook for secondary teachers in England. http://www.education.gov.uk/publications/eOrderingDownload/QCA-04-1374.pdf（アクセス日 2015/12/05）

Department for Education（2014）The national curriculum in England Framework document.

ドミニク・S・ライチェン＆ローラ・H・サルガニク　立田慶裕（監訳）（2006）キー・コンピテンシー，明石書店.

藤原義博（2015）「知的障害教育におけるアクティブ・ラーニングの在り方」国立特別支援教育総合研究所大学連携研究力向上事業（知的班）講演会資料.

Griffin, P., McGaw, B., ＆ Care, E.（2012）Assessment and Teaching of 21st Century Skills. Press, New York. 三宅なほみ監訳（2014）21世紀型スキル 学びと評価の新たなかたち．北大路書房.

育成すべき資質・能力を踏まえた教育目標・内容と評価の在り方に関する検討会（2014）育成すべき資質・能力を踏まえた教育目標・内容と評価の在り方に関する検討会－論点整理－, 文部科学省.

国際バカロレア機構（2016）PYPのつくり方：初等教育のための国際教育カリキュラムの枠組み http://www.ibo.org/contentassets/93f68f8b322141c9b113fb3e3fe11659/pyp-making-pyp-happen-jp.pdf（アクセス日 2017/02/02）

国立教育政策研究所（2010）平成22年度全国学力・学習状況調査解説資料小学校算数 https://www.nier.go.jp/10chousa/10kaisetsu_shou_sansuu.pdf（アクセス日 2017/02/02）

国立教育政策研究所（2013）社会の変化に対応する資質や能力を育成する教育課程編成の基本原理．平成24年度プロジェクト研究調査研究報告書.

国立教育政策研究所（2015）平成27年度全国学力・学習状況調査解説資料小学校算数 http://www.nier.go.jp/15chousa/pdf/15kaisetsu_shou_sansuu.pdf（アクセス日 2017/02/02）

村中智彦（編著）（2013）「学び合い、ともに伸びる」授業づくり，明治図書.

奈須正裕（2016）：コンピテンシー・ベイスの教育とアクティブ・ラーニング. LD研究, 25, 406-413.

奈須正裕・江間史明（2015）教科の本質から迫るコンピテンシー・ベイスの授業づくり．図書文化社.

奈須正裕・久野弘幸・齊藤一弥（2014）知識基盤社会を生き抜く子供を育てる－コンピテンシー・ベイスの授業づくり－．ぎょうせい.

QDCA（2009）Developing skills: Planning, Teaching and Assessing the Curriculum for Pupils with Learning Difficulties. http://archive.teachfind.com/qcda/www.qcda. gov.uk/resources/assets/P_scales_developing_skills.pdf（アクセス日 2015/12/05）

静岡大学教育学部附属特別支援学校（2013）特別支援教育のコツ：今、知りたい！かかわる力・調整する力, ジアース教育新社.

横尾俊・渡部愛理（2010）イギリスにおけるナショナルカリキュラムとそれへのアクセスの手だてについて．世界の特別支援教育, 24, 43-52.

第3章

研究2
研究協力機関の実践に基づく
知的障害教育分野での
アクティブ・ラーニングの検討

第1節 目 的

　平成 28 年 8 月に、中央教育審議会初等中等教育分科会教育課程部会は「次期学習指導要領等に向けたこれまでの審議のまとめ」（以下、「審議のまとめ」と示す）を報告した。その中で、学習指導要領等の改善の方向性に関して、「社会に開かれた教育課程」の理念のもと、子供たちの現状や将来展望、現在の学習指導要領等の課題を踏まえ、子供たちに新しい時代を切り拓いていくために必要な資質・能力を育むために、3 点にわたる改善・充実を、関係者が連携しながら相互に関連付けて行うことが求められると指摘した。そのうちの一つが、『「主体的・対話的で深い学び」、すなわち「アクティブ・ラーニング」の視点からの学びをいかに実現するか』であった。

　我が国の教育行政においてアクティブ・ラーニングという用語は、平成 20 年 3 月に中央教育審議会大学分科会制度・教育部会による「学士課程教育の構築に向けて（審議のまとめ）」において、用いられるようになった。その中の用語解説において、アクティブ・ラーニングとは「教員による一方向的な講義形式の教育とは異なり、学修者の能動的な学修への参加を取り入れた教授・学習法の総称」とされている。また、アクティブ・ラーニングを扱った文献においても、アクティブ・ラーニングは学生を中心とした帰納的な学習プロセスであり、従来の受動的な講義中心の授業と対比して述べられていることは共通している（Bonwell & Eison, 1991; Prince, 2004; Smith　& Cardaciotto, 2011）。

　審議のまとめにおいて、子供たちが、学習内容を人生や社会の在り方と結びつけて深く理解し、これからの時代に求められる資質・能力を身に付け、生涯にわたって能動的に学び続けたりすることができるようにするためには、子供たちが「どのように学ぶか」という学びの質が重要になることが指摘されている。学びの質を高めるには、「主体的・対話的で深い学び」を実現することによるとされている。

　こうした「主体的・対話的で深い学び」が実現するように、日々の授業を改善していくための視点を共有し、授業改善に向けた取組を活性化しようとするのが、「アクティブ・ラーニング」の視点とされている。平成 26 年 11

月の諮問において提示された「アクティブ・ラーニング」は、子供たちの「主体的・対話的で深い学び」を実現するために共有すべき授業改善の視点として、その位置付けが明確にされた。

「主体的・対話的で深い学び」の実現とは、人間の生涯にわたって続く「学び」という営みの本質を捉えながら、教員が教えることにしっかりと関わり、子供たちに求められる資質・能力を育むために必要な学びの在り方を絶え間なく考え、授業の工夫・改善を重ねていくこととされている。また、特定の指導方法のことでも、学校教育における教員の意図性を否定することでもないとされている。

「主体的・対話的で深い学び」の視点は、以下の３点で整理されている。①学ぶことに興味や関心を持ち、自己のキャリア形成の方向性と関連付けながら、見通しを持って粘り強く取り組み、自己の学習活動を振り返って次につなげる「主体的な学び」が実現できているか、②子供同士の協働、教職員や地域の人との対話、先哲の考え方を手掛かりに考えること等を通じ、自己の考えを広げ深める「対話的な学び」が実現できているか、③各教科等で習得した概念や考え方を活用した「見方・考え方」を働かせ、問いを見いだして解決したり、自己の考えを形成し表したり、思いを基に構想、創造したりすることに向かう「深い学び」が実現できているか、の３点が示されている。

この中の「深い学び」について、学びの「深まり」の鍵となるものが、各教科等の特質に応じた「見方・考え方」とされ、全ての教科等で整理されている。「見方・考え方」は、新しい知識・技能を既に持っている知識・技能と結びつけながら深く理解し、社会の中で生きて働くものとして習得したり、思考力・判断力・表現力を豊かなものとしたり、社会や世界にどのように関わるかの視座を形成したりするために重要なものとされている。「見方・考え方」を働かせた学びを通じて、資質・能力が育まれ、それによって「見方・考え方」が更に豊かなものになる、という相互の関係にあるとされている。

特別支援学校（知的障害）においては、知的障害の特徴及び学習上の特性等を踏まえ、児童生徒が自立し社会参加するために必要な知識や技能、態度などを身に付けることを重視し、知的障害のある児童生徒のための各教科が示されている。これらをもとに、これまでの特別支援学校（知的障害）においては、児童生徒の実態等に即して指導内容を選択・組織することなどにより、アクティブ・ラーニングの視点と同様に、児童生徒が主体的・対話的で深い学びができることを目指し、それにより児童生徒に育てたい力をつけることが目指されてきたと捉えられる。

研究2では、知的障害教育におけるアクティブ・ラーニングについて、研究協力機関におけるアクティブ・ラーニングの視点を取り入れた授業実践事例をもとに、検討する。

第2節 方　法

　平成27年6～7月に、各研究協力機関を訪問し、本研究の概要について説明した後に、その時点におけるアクティブ・ラーニングの概念について、情報共有した。その訪問をふまえ、各研究協力機関にはアクティブ・ラーニングの視点を取り入れた授業を実践してもらった。平成27年11月の研究協議会において、各研究協力機関における実践について報告してもらい、それをふまえて知的障害教育におけるアクティブ・ラーニングについて協議した。この協議会をもとに、各研究協力機関にはアクティブ・ラーニングの視点を取り入れた授業を、更に実践してもらった。平成28年1～2月に再度、各研究協力機関を訪問して、アクティブ・ラーニングの視点を取り入れた授業実践について個別に協議した。その後、平成28年6月の研究協議会において、アクティブ・ラーニングの視点を取り入れた授業実践について、各研究協力機関から改めて報告してもらい、それをふまえて協議した。この協議を踏まえて後日、アクティブ・ラーニングの視点を取り入れた授業実践を、所定の報告書にまとめることを、各研究協力機関に依頼した。

第3節 結果

① 千葉県立特別支援学校流山高等学園
ア 学校概要
（ア）学校教育目標及び教育課程の特徴

本校の学校教育目標は「一人一人の障害の状態や能力・特性に応じ、社会自立・職業自立に必要な基礎・基本の定着を図るとともに生きる力を育成し、個性が輝く教育を推進する」である。この目標を実現するために専門学科における教科、各教科、総合的な学習の時間、領域から成る教育課程を設けている。本校の生徒は、知的障害者を対象としており、職業に関する専門学科を設置する高等部のみの特別支援学校となっている。平成22年度より既存の「農業」「工業」「家政」に関する学科に加え、「福祉」「流通・サービス」に関する学科を設置し、4学科8コース体制となった。

本校の教育課程は、「教科別の指導」「領域別の指導」「総合的な学習の時間」からなっている。また、地域や企業等と連携・協働した教育活動（流山コラボレーションシステム）にも力を入れて取り組んでいる（図3-3-1参照）。

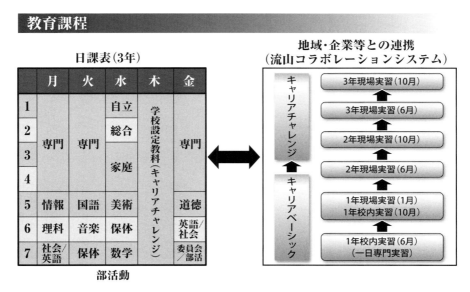

図3-3-1　流山高等学園の教育課程

（イ）育てたい力

　学校教育目標に掲げている本校生徒に対して育てたい力は「社会自立・職業自立に必要な基礎・基本の定着」と「生きる力」である。この２つの力を育てるための年間指導計画の改善に向けての取組を行ってきた。

　今年度本校では研究主題を「キャリア発達を支援する教育課程のあり方─普通教科・領域における目標及び内容の整理とアクティブ・ラーニングの導入─」とし、研究に取り組んできた。特に教育課程に関する取組として年間指導計画の目標と指導内容について全職員からアンケートをとり、得られた意見を基に専門教科と教科・領域間の連携を図るため３つの研究部会を編成した。そして、焦点教科である社会科、家庭科、学校設定教科（キャリアチャレンジ）の年間指導計画を中心に検討を行い、次年度の年間指導計画案を作成することができた。

　以下では、実践例として挙げた社会科について年間指導計画の見直しがどのように進められたかに関して述べる。まず、校内研究会での検討を踏まえ、社会科の教科部会で指導内容を「社会自立・職業自立」「生きる力」の観点で見直した。その結果、今までの年間指導計画では、修学旅行先の台湾について学ぶ時間を多く割いていたが、台湾についての学習を削り、銀行や郵便局の利用を加えた。また、2016年７月より18歳から選挙権を行使できることになったため、政治に関する学習として１年生では国会の仕組み、２・３年生で模擬選挙を行い選挙について学ぶことにした。特に３年生では選挙をより身近に感じられるよう選挙管理委員会の職員を招き、投票体験を行うことを指導内容に加えることにした。さらに、今まで歴史的分野が全く指導内容になかったことから、社会科部会では「生徒の興味・関心の視点から歴史について学ぶべきではないか」という声が上がり、来年度から１・２年生で歴史的分野を指導内容に加えることになった。

　このように、本校では校内研究会での検討を経て各教科部会で年間指導計画（目標及び内容の整理）の改善を進めている。

（ウ）学習評価とその活用の取組

　専門教科については職業コース毎に生徒の個別のファイルがあり、毎時間生徒本人の自己評価と教員評価を付き合わせた振り返りの時間を設けている。こうした評価のほかに、自立へのステージアップ表（本校作成）に基づく評価を行い通知票に記載している。

　また、普通教科の場合も授業の振り返りシートを活用した自己評価を行っているケースが多い。振り返りシートは個別のファイルに綴じてあり、成績

評価の時期に教科担当者がシートの記載や授業の取り組む姿勢などを評価して通知票に記載している。

（エ）授業づくりの視点

授業研究を行い、授業改善をする視点として、本年度の校内研究にかかる講師から助言を受けた。今年度本校では校内研究後、以下の観点で授業づくりを行った。

〇授業の目標が、学習指導要領の教科の目標や単元計画に基づいているか。

〇学習内容が学び続けたいという意欲をかきたてる内容になっているか。

〇学習方法が目標を達成するための方法となっているか。

〇学習評価が授業で設定した目標の客観的な評価となっているか。

イ　アクティブ・ラーニングの視点に基づく授業実践例

（ア）教科と単元名

社会科「学校内の課題を見つけ、陳情書を書こう」

（イ）学級の実態

生徒数は８名であった。知的障害のある高等部３年生の学級であった。協働学習を行うときに気持ちのコントールが難しい生徒や意見をはっきり言うことが難しい生徒がおり、特別な手立てが必要な学級ではあるが、全体として真面目な生徒が多い。

（ウ）単元構成

流山高等学園では３年生の社会科が半期のみの指導となっているため、一つの単元が短く設定されている（表 3-3-1）。

表 3-3-1　本単元の構成（時間と目標）

一次 （１時間）	① 校内を散策し、身近な課題について考える。 ② 政治への関わり方として請願や署名活動があることを知る。
二次 （１時間） （本時）	① 学校内の課題について自分なりに考えたことを、グループ内で発表することができる。 ② グループで出た意見を、話し合いながら一つにまとめようとする。 ③ 身近な課題を陳情書にまとめるまでの手順が分かる。

また、言語活動を重視した活動の一つとして、１年から３年までの全ての授業において、10 〜 15 分程度ニュースレポートについてグループで意見を

出し合い発表することや、教員の発問について二人組になって考えるといった取組を行っている。

（エ）単元設定理由と単元目標

高等部の学習指導要領では、社会科の目標として「社会の様子、働きや移り変わりについての関心と理解を一層深め、社会生活に必要な能力と態度を育てる」とある。社会科でこのような能力を育て、また育てた結果として、社会自立や職業自立につながり、生きる力の育成につながることを期待し、本単元を設定した。社会科担当者は本単元において社会の慣習や生活に関係の深い法や制度を知って欲しいと考え、以下の単元目標を設定した。

- 社会の課題やルールに対して目を向け、自ら参加し、より良いものを考えていこうという意識をもてるようにするため、まずは身近な学校内の事柄について考える。（社会自立・職業自立に必要な基礎・基本の定着と関連）
- 課題解決やルール作りに参画し、政治や自治活動に対して関心を持つ一歩とする。（社会自立・職業自立に必要な基礎・基本の定着と関連）
- 意見交換する中で一つの事柄に対しても様々な見方や考え方があることを知る。（生きる力の育成と関連）

（オ）本時の目標

- 学校内の課題について自分なりに考えたことを、グループ内で発表することができる。
- グループで出た意見を、話し合いながら一つにまとめようとする。
- 身近な課題を陳情書にまとめるまでの手順が分かる。

（カ）本時の展開

（導入）

a　始めの挨拶をする。

b　ニュースレポートを行う。最近のニュースで関心を持ったことをミニホワイトボードに書いて発表する。

c　前時までの学習を映像資料で振り返る。学校内の施設設備面の課題や校則についての課題について考えてきたことを思い出す。

d　本時の学習について知る。

（展開）

e　グループになって、個人が気づいた学校内の課題について発表する。

f　出された課題の中からグループとして1つ陳情書に書く課題を決める。

g　陳情書の書き方について教員の説明を聞く。書き方見本と教員の説明

を参考にしてグループとして訴えたい議題を陳情書に書く。
h　グループ毎に陳情書に書いた学校の課題を発表する。また、なぜその
　　課題を選ぶことにしたか理由も発表する。
（まとめ）
i　本時の授業を振り返るとともに、今後社会の一員として生徒に対する
　　願いを教員が伝える。生徒から、質問や今後の自分の在り方について
　　の考えを発表してもらう。

（キ）育てたい力と授業内容との関連
a　社会自立・職業自立に必要な基礎・基本の定着をねらって考えた授業
　　内容
・ニュースレポート
・学校内の課題を探し、ワークシートに書く。
・陳情書の記入
b　生きる力を育てるために考えた授業内容
・学校の課題を探す。
・グループの仲間と学校内の課題について話し合う。
・その課題を解決することが「みんなの役に立つか」「時間がかかりすぎ
　ないか」「費用」の観点で検討し、優先して提案すべき課題に絞る。
・学んだことを生かして今後の自分がいかにあるべきか考える。

（ク）学習評価
　授業の目標に基づき、振り返りシートを使って生徒が自己評価を行った。
自己評価の評価項目と評価の段階づけを表3-3-2に示した。

表3-3-2　自己評価の評価項目と評価の段階づけ（ルーブリック）

評価項目	◎よくできた	○できた	△課題が残った
1.学校内の課題について自分なりに考えたことを、グループ内で発表することができたか。	課題について複数の回答を発表できた。	課題について1回、回答することができた。	発表することが難しかった。
2.グループ内で出た意見を、協力しながら一つにまとめようとしたか。	グループ内で出た意見を取捨選択して1つにまとめることができた。	良いと思う意見について意見を述べることができた。	意見を述べることや協力することが難しかった。
3.身近な課題を陳情書にまとめるまでの手順を知ることができたか。	陳情書にまとめる手順を簡単に説明できる程度に知ることができた。	陳情書をまとめる手順が分かった。	陳情書についてよく分からない。

生徒が行った振り返りシートでの自己評価は１の観点に対して全員の生徒が「課題について複数の回答を発表できた」と評価した。また、２の観点に対しても全員が「グループ内で出た意見を取捨選択して１つにまとめることができた」と評価した。しかし、３の陳情書をまとめる手順についてはほとんどの生徒が「陳情書をまとめる手順が分かった」と評価し、説明できるほどには理解できていないことが分かった。

生徒の自己評価による学習評価から、本授業でねらいとした目標のうち「学校内の課題について自分なりに考えたことを、グループ内で発表することができる。」「グループで出た意見を、協力しながら一つにまとめようとする。」の２つについては、生徒が目標を達成したことになるが、３つめの目標「身近な課題を陳情書にまとめるまでの手順が分かる。」については十分に目標を達成することができなかったことが分かる。授業研究を行い講師や参観者の教員から授業改善への意見を集約した結果をまとめると次のようになる。

３つめの目標を達成できなかった要因としては、陳情書に関する指導が十分でなかったことが挙げられる。陳情書の指導で大切にすることは、陳情書は「誰が」「誰に対して」「何を」陳情するのか押さえることである。特に「誰に対して」陳情するのかが授業の中で曖昧になってしまい、教員が答えを教える場面があった。講師からは、生徒に陳情相手について考える時間を設定することが大切であると助言を受けた。

（ケ）授業者による実践の振り返り

本実践を考えるに当たって、社会科担当者は、特別支援学校高等部学習指導要領「社会」の目標の「社会の様子、働き方や移り変わりについての関心と理解を（中略）深め社会生活に必要な（中略）態度」を育てたいと考えた。その理由として、生徒に政治や選挙への関心についてアンケートを実施したとき、政治に対して「関心が余りない」と答えた生徒が19％、「関心が全くない」と答えた生徒が55％という関心の低さに驚いたことを挙げていた。また、政治や選挙に対して関心が低い理由として、「選挙に行ったからといって何か変わるとは思えない」という答えが多く、生徒が自分たちの行動や発言に対する無力感を感じていることに社会科担当者は危機意識を抱いた。そうした思いからできた「学校内の課題を見つけ、陳情書を書こう」という授業において生徒は思い掛けない姿を見せた。

まず、授業の中で、生徒は学校の課題を陳情書にまとめたが、そこでとどまらず「私たちの意見はこの先どうなりますか？」と授業者に質問をしてきた。授業者はその質問から、実際に課題に関係する教員に陳情書を届けると

いう活動に発展させた。また、課題を陳情書に書く課題が興味を引いたのか、陳情書を二枚書きたいと申し出る生徒が現れた。授業の外での生徒の変化は、社会科の研究授業を是非見に来てほしいと生徒指導の教員に生徒が呼び掛けたことである。今まで、生徒から教員に対して授業の参観を申し出ることはほとんど聞いた事がない。それだけ、生徒の強い意欲を生んだ授業だったと言えよう。

その反面、課題となったことが４つある。１つはグループとして陳情書に書く課題を１つに決めるときにどのような基準で１つにするかきちんと決めておく必要があったことである。意見を集約する手立てとなる観点を設定しておくことはこうした授業を展開する上で必要である。２つ目は、陳情書を陳情相手の教員に届ける場面をもっとていねいに指導する時間的な余裕が必要だったことである。３つ目は、本授業で学んだことを今後の生活でどのように活かすか踏み込んで指導すべきだった点である。そして、４つ目は陳情書を書く事への動機づけを高める工夫が足りなかったことである。

これらの課題について、本校の社会科が半期ずつの取組である利点を生かして後期の社会科で改善した取組を行った。

まず、陳情書に書く課題を決めるに当たって以下のような話合いの観点を設定した。

a　自分だけでなく、多くの人のためになる課題であるか

b　費用がかかりすぎず実行できる課題であるか

c　時間がかからず解決できる課題であるか

こうした、３つの観点を設定したことで生徒がお互いの意見を比較しやすくなり、話合いが円滑に進むようになった。２つ目の課題であるが、単元計画を２時間から３時間にし、最後の３時間目に陳情書を誰に渡すか考えることや、渡す場合の礼儀についても指導することができた。３つ目の課題については社会科の授業以外での場面の生徒の様子を教員から聞き取りを行った。その際興味深い事例があった。地域の活動に取り組んでいるコースで生徒が積極的に意見を述べるようになったことや、生徒会活動の活発化である。こうした生徒の変化は本取組が遠因となっていることが示唆された。４つ目の陳情書を書くための動機づけであるが、後期の指導計画を見直し、社会保障制度についての学習を本単元の直前に設定した。社会保障制度の学習を通して、病気になったときやリストラされたときに保険制度があることを生徒は学んだが、「保険制度で何とかできない問題はどうしましょう」といった発言が聞かれた。生徒の困り感が薄れない時期に陳情書の単元を行ったこと

で後期に本単元を学習した生徒は陳情書の必要性を感じ、意欲的に学習する姿が見られた。

　また、前期と後期途中までの実践を通して、社会科と家庭科、理科の担当者から得られた反省がある。授業の中で話合いを取り入れたとき自閉的傾向のある生徒の授業への理解が自閉的傾向のない生徒に比べて不十分であることがあった。これら３つの教科は授業の評価として振り返りシートや感想箋、ミニテストを行ってきた。自閉的傾向のある生徒は講義形式の授業を行ったときよりも話合いを授業に取り入れたときに、授業の目標とした事柄を理解できにくいという結果となった。逆に自閉的傾向がないと思われる生徒は、講義形式の授業よりも話合いを授業に取り入れたときの方が授業で行ったことを理解できていた。今年度は一部の担当者の気づきで終わってしまったが、自閉的傾向のある生徒への指導方法について次年度も引き続き分析していきたい。

（千葉県立特別支援学校流山高等学園）

ウ　千葉県立特別支援学校流山高等学園の実践に関する考察
（ア）アクティブ・ラーニングの視点と授業内容との関連
a　主体的な学び

　学校内の課題を見つけ、改善の提案を考えることは、生徒にとって身近な題材であり、主体性を持たせやすい題材であったが、なぜ陳情書を書く必要があるのか、教員の「問い（課題）」の設定についてはもう少し工夫が必要であった。

　しかし、このような課題が見えてきたのは、生徒達の自己評価によって、何がどれだけ身についたのか、またその学習は、主体的であったか、対話的であったか、深い学びがあったかといった、授業改善の不断の視点を意識して、形成的に評価できていたためであろう。2015年8月26日付けの教育課程企画特別部会における論点整理では、「何ができるようになるか」「何を学ぶか」「どのように学ぶか」について、「育成すべき資質・能力」を育む観点からの学習評価の充実によってつないで行くことが提言されている。流山高等学園においても、このように学習評価の充実により、授業改善のサイクルを回せたことはとても意義が大きい。

b　対話的な学び

　ニュースレポートの課題を毎授業において設定することは、本時の山場となる「話合い活動」へのウォーミングアップや練習の場ともなっている。

　しかし、授業者の振り返りの中で、「グループとして陳情書に書く課題を

１つに決めるときに、どのような基準で１つにするかを、きちんと決めておく必要があった」と指摘されているように、社会科に興味関心のある生徒だけでなく、"全員が"話合いに活発に参加するための手立てや練習の工夫が更に必要である。

　アクティブ・ラーニングの一つである協同学習（cooperative learning）に関する研究に先駆的に取り組んできたジョンソンら（Johnson ら, 2002）は、単なるグループ学習と協同的な学び合いは全く異なるもので、真の協同的な学び合いを実現させるためには、次の５つの基本要素をそろえることが不可欠であるとしている。お互いに恩恵を与え合ったり、お互いに役割を果たし合ったりしてこそチームの目標が達成されるなど、学習のめあてや教材、役割分担等に互恵的相互依存関係（positive interdependence）があること、子供同士の対面的なやりとりの機会が十分にあること、個人の責任がはっきりしていること、ソーシャルスキルや協同のスキルが教えられ、頻繁に活用できる状況設定がされていること、自分たちはどんなふうに協同がうまくいったか、またどんな改善点が考えられるかといった、チームのふりかえりがなされることの５つである。さらに、涌井（2016a）は、これらに加えて、マルチ知能（multiple intellegencies）を活用して学習活動や教材を言語的能力だけに偏らないものにすることも、発達障害等の子供の多様性に対応するためには必要であるとして、6つの条件を提言している。これら6つの条件は、教科学習における協同学習だけでなく、行事における協同的な活動など、学校生活場面におけるありとあらゆる協同的な活動の成功に当てはまる条件である。

　Johnson ら（2002）と涌井（2016a）が指摘する６つの条件から、一斉指導にただ子供同士の話合いなどのグループ活動を導入すればアクティブ・ラーニングになると考えるのは早計であることが分かる（涌井, 2016b）。これら６つの条件は、指導の場面設定、協同的な活動の仕掛けを考える際の重要な観点として、参照でき、更によりよい授業づくり・改善へと導いてくれるだろう。

　なお、流山高等学園においては、家庭科など他教科でも話合い活動を導入し、カリキュラム全体で協働的な話合いのスキルを高めていくように、教育課程の改善を図るなどのカリキュラム・マネジメントを行っているところである。

　c　深い学び
　生徒による自己評価の結果から、身近な生活や社会の問題を考えるという

意味では、ある程度理解を深められたと考えられるが、「陳情書について理解し、各手順が分かる」まで到達できた生徒は少なかった。

学習評価の項目をどれだけねらいにそって具体的に設定できるかが、授業づくり・改善にとっても、生徒の深い学びにとってもキーポイントであると考えられる。

（イ）考察

「主体的な学び」や「深い学び」の視点から、授業をふりかえると、学校内の課題を見つけ、改善の提案を考えるという題材は生徒にとって身近で、主体性を持たせやすい題材設定の工夫や、一部の生徒は授業でまとめた意見を実際に課題に関係する教員へ陳情書を届けるという活動に発展させることができるなど、実生活への展開があり、ある程度「深い学び」へ近づけたのではないかと考えられる。しかしながら、授業のねらいに対する生徒の自己評価の結果と対照してみると、課題も見えてきた。陳情書を書く必要性や必然性を高めるために教員の「問い（課題）」の設定については更に工夫が必要であろう。また、他単元や他教科等の既習内容を本授業内容と関連付けることで、社会科で習得した見方・考え方をさらに深めていくような授業づくりも今後の課題である。

「対話的な学び」の視点から授業をふりかえっても、話合い活動を導入することによって、アクティブ・ラーニングが自動的に成立するかというと、そういうわけではないのは前述したとおりである。本事例では生徒による自己評価の結果を中心に、学習評価（生徒の様子）について把握していたが、その結果によっても、単に話合い活動の導入だけでなく、コミュニケーションを円滑にし、学びを深めるための手立てが必要であることが示された。今後の解決策として、上述した Johnson ら（2002）と涌井（2016a）が指摘する6つの条件について検討し、指導の場面設定、協同的な活動の仕掛けを考えることが挙げられるだろう。

このような授業改善の課題が見えてきたのは、生徒の自己評価という活動を通じて、学習評価の結果の把握を随時行っていたからでもある。本実践後、流山高等学園では学習評価の結果に基づいて、家庭科や自立活動においても、他者とのコミュニケーションの促進にかかる学習活動を取り入れ、教育課程全体で他者とのコミュニケーションといった汎用的な能力の育成ができるよう、他教科との連携もできつつあるなど授業改善を進めているとのことである。他教科との学習内容、とくに汎用的な能力に関する学習の連携についてのカリキュラム・マネジメントを行うことは、個々の授業を下支えすること

につながる。他校においても、学校全体での調整ができるような取組が今後求められていくだろう。

　また、高等部の特徴として、教科担任制による複数のクラスに同じ授業を行うことから、流山高等学園では、本授業の学習評価の結果を他クラスの同じ内容の授業における授業改善にも活用することができた。学習評価の結果に基づいて授業改善を重ねていくことができたことの意義は大きいと考える。

（涌井恵・松井優子）

②　広島県立庄原特別支援学校

ア　学校概要

（ア）学校の特色

　本校は、昭和54年4月、知的障害のある児童生徒のための養護学校（当時）として、庄原市内に小学部17学級、中学部10学級の学級編制で開校した。また、同時に三次市に施設併置の分級を2か所開校し、昭和55年には本校及び分級に高等部が設置された。平成12年、次いで平成22年に分級が本校に統廃合され現在に至っている。

　本校の教育目標は、「一人一人の特性に応じた教育を行い、その可能性を最大に伸ばし、社会参加や自立につながる生きる力を育てる」である。

　平成28年5月1日現在、小学部6学級20名、中学部6学級19名、高等部9学級45名、計84名の児童生徒が在籍し、県北唯一の特別支援学校であるため、3市1町の広範囲から児童生徒が通ってきており、ほとんどの児童生徒がスクールバスで通学している。高等部では、自力通学をしている生徒も一定数いるものの、交通の便が悪く、やむなくスクールバスを利用する生徒も多い。また、本校では、前期（4月〜9月）と後期（10月〜3月）の二学期制を採用している。

（イ）教育課程

　本校は、知的障害者である児童生徒に対する教育を行うための教育課程を編成し、各学部において、単一障害学級・重複障害学級・訪問教育学級の三つの教育課程を編成している。高等部は、単一障害学級を障害の程度に応じて類型Ⅰ、類型Ⅱに分けており、国語、数学、各学年で行う作業学習では、課題別グループを編成している。

　また、児童生徒の将来を見据え、小学部から高等部までの単元系統表（各教科等を合わせた指導や教科、領域ごとに、12年間のつながりを横断的に

見渡し、関連を整理するための表）、単元構成表（各学部内において単元名、単元目標、時間数を、時系列で示した表）を作成し、系統性を考慮した教育内容の構築に努めている。この単元構成表を基に、年間指導計画、単元計画を計画的に作成している。

（ウ）教育の基本方針

本校では、「育てたい子供像」の実現に向けて、カリキュラム・マネジメントシステムを構築し、学校全体での取組と、児童生徒個々への取組との両面から取り組んでいる。また、その根幹として、授業改善と、カリキュラム・マネジメントを通した組織運営の改善を大事にしている。

（エ）学校が育てたい力

本校では、教育目標を基に、高等部卒業後の姿を想定し、育てたい子供像を設定している。

【育てたい子供像】

知：「学習活動を通して、自ら学び伸びようとする子供」

徳：「人との関わりの中で、他者を尊重する心を持つ子供」

体：「健康で安全に生活できる知識と体力を身につけた子供」

言語活動：「理解できる言葉を多く持ち、自分の意思を伝えるスキルを身につけている子供」

また、学校経営目標として、育てたい子供像の四つの柱から達成目標を設定している。平成28年度の達成目標は、次の通りである。

【平成28年度　達成目標】

知：学力の向上（自学自習の姿勢）「学習に主体的に取り組む態度の育成」

徳：豊かな心の育成（他者を尊重する心）「人との関係を大切にする心の育成」

体：体力の向上（知識と技能）「体力の向上」「健康で安全に生活できる習慣の育成」

言語活動：発達段階に応じた教育内容の充実　「言語技術の育成」

このように、児童生徒がどのように成長してほしいかという、「育てたい子供像」に向けて、学校経営計画の目標設定に掲げ、組織的な取組にしていることが、本校の特徴である。この目標設定は、個別の指導計画の目標ともつながっており、児童生徒一人一人の取組に反映されている。取組の評価として、学校全体の取組は、学校経営計画の評価を行い、個々の児童生徒の評価の取組は、個別の指導計画で行う仕組としている。

もう一つの組織的な取組として、育てたい子供像を実現するために、育

成を目指す資質・能力と関連付けて、単元で付けたい力を導き出し（表3-3-3）、小学部から高等部まで、系統的な教育内容を構築し、実施している。これらは、各単元計画の中で、付けたい力として活用するものである。

この二つの取組は、「庄原式カリキュラム・マネジメント」（図3-3-2）に位置付けており、日々の学習活動に反映している。

あわせて、学力の向上「学習に主体的に取り組む態度の育成」の目標を達成するために、組織的な授業研究の取組を行っている。平成27年度から、3年間の研究テーマとして、「児童生徒が自ら考え、自ら動く授業づくり」を掲げている。平成28年度は、「思考力、判断力、表現力」に着目し、「授業に、児童生徒が自ら考えたり、判断したりする場面を設定し、また、授業の中の振返りで行う自己評価の方法を工夫することで、児童生徒が自ら考え、自ら動く姿を引き出すことができる」という仮説を立て実践研究に取り組んでいる。

表3-3-3　単元で付けたい力表（一部抜粋）

育てたい子供像	知：学習活動を通して，自ら学び伸びようとする子供。			
	徳：人との関わりの中で，他者を尊重する心を持つ子供。			
	体：健康で安全に生活できる知識と体力を身につけた子供。			
	言語活動：理解できる言葉を多く持ち，自分の意思を伝えるスキルを身につけている子供。			

単元で付けたい力　　育成を目指す資質・能力			知識・技能「何を知っているか，何ができるか」	思考力・判断力・表現力「知っていること・できることをどう使うか」	学びに向かう力・人間性「どのように社会・世界と関わり，よりよい人生を送るか」
授業名	カテゴリー	単元	単元で付けたい力		
生活単元学習	生活上	学校の仕組	学校生活に必要なことを理解する力	学校生活や自分自身を結び付けて考える力	学校生活をよりよくしようとする力
		保健教育	自己や他者の健康について理解できる力	健康についての課題に気付き，解決に向けて思考，判断し，相手に伝える力	健康についての課題を解決しようとする力
		進路学習	進路に関する基本的・基礎的な知識・技能を習得する力	自己を見つめ，生き方について考える力	自分の可能性を引き出そうとする力
		防災教育	自己や他者の安全について理解できる力	安全についての課題に気付き，解決に向けて思考，判断し，相手に伝える力	安全についての課題を解決しようとする力

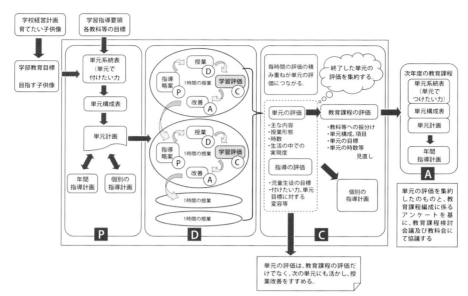

図3-3-2　庄原式カリキュラム・マネジメント概要図

イ　アクティブ・ラーニングの視点に基づく授業実践例
（ア）実践学級の概要

　本校高等部単一障害学級は、学部縦割りの５つの作業グループと学年課題別で行う作業の２つの授業形態で行っている。本実践例で取り上げる食品製造グループは、５つの作業グループの１つである。

　本グループは、３年生１名、２年生３名、１年生４名の計８名で構成している。その内、食品製造グループを２年以上継続して選択している生徒が３名である。年間を通して、主として焼き菓子を製作し、日数は少ないが販売活動を行っている。

　生徒の実態について、WISC-Ⅲの検査結果によれば、多くの生徒について言葉掛けにより聴覚に働き掛ける指示のみでは理解が不十分な場合があり、簡潔に指示し、十分に理解できているのかどうか、丁寧に確認する必要があるとの結果であった。中には指示書を見て一人で作ることができる生徒もいるが、菓子作り経験者の手順を実際に見て理解を進める者もおり、作業能力にも個人差がある。

　また、食品製造グループの生徒は、一般就労を希望している生徒が多い。就職先では挨拶、返事を基本とし、分からないときはすぐに報告することが求められる。しかし、生徒によっては、挨拶・返事、報告・連絡・相談は必ずしも十分にできないこともあり、これらの指導に重点を置いている。同時

に、友だちと協力して作業を進める場面が多いので、生徒同士のコミュニケーションの取り方についても同様に指導を進めている。

　また、食品を取り扱う観点から、身支度から製造過程の全てにおいて、衛生面に注意を払っている。卒業後、食品を扱う職場を希望している生徒もおり、衛生面の重要性については特に重点的に指導している。

（イ）単元名
商品開発から販売まで

（ウ）単元の指導目標及び単元の展開

　地元の特産品を使いながら、商品開発から販売まで「習得・課題発見・探究・活用・振り返り」の流れに沿って学習を行い、よりよい製品づくりを行う。

　尚、単元は第一次（習得）、第二次（課題発見）、第三次（探求）、第四次（活用・振り返り）に数時間ずつを配当し、第四次まで展開した後は、その段階から再び、第一次→第二次→第三次→第四次とスパイラル方式（第一クール、第二クール）で展開することにより、商品の質を追求するとともに、生徒の課題意識の明確化と試行錯誤による思考の深化を図った。以下の「単元の評価規準」の左端の欄に示す時間数は、トータルで第一次、第二次、第三次、第四次の時間数を示したものであるが、取組内容としては質的に異なる意味合いを有する時間も含まれている。

（エ）単元の評価規準　（本時 51 ／ 70 時間）

表 3-3-4 単元の評価規準表

	関心・意欲・態度	思考・判断・表現	技　能	知識・理解
第一次 ㉞時間 (習得)	・教員や経験者の手順等を見て作業ができる。	・報告・連絡・相談時など、周りに声を掛け合いながら、作業を進めることができる。	・道具や器具などを正しく使うことができる。材料や製品を安全と衛生面に気をつけて、扱うことができる。	・手順表を見て、分量を正確に測り、手順に沿って、製品づくりができる。
第二次 ⑦時間 (課題発見)	・発表者の伝えたいことは何かを考えつつ自分の意見を伝えることができる。	・より良い商品になるように、アンケートの内容を考えたり、資料を分析し話し合いの中で、改善策を考えることができる。	・考える手順を理解し、発表の仕方や話し合いのルールを意識して発表できる。	・習得した知識を改善策に生かす。
第三次 ④時間 (探究)	・改善策を基に、改善等について、聞いたり調べたりする。	・調べた改善策について話し合い、改良点を決める。	・聞くときのインタビューの仕方、パソコンでの調べ方を身に付ける。	・改善策に係る知識を深める。
第四次 ㉕時間 (活用)	・グループで声を掛け合いながら協力して作業ができる。	・挨拶・返事、報告・連絡・相談を適確に行い、効率よく作業することができる。 ・製品販売に向け、販売方法を考える事ができる。	・材料や器具を正確に扱い、効率よく衛生的に作業をすることができる。 ・販売に向け、製品ラベルをパソコンで作成できる。	・製品の改良点や習得した知識を生かしながら取り組むことができる。

（オ）本時の目標

・アンケート結果や手順表の見比べ作業で、自分の経験を基に問題発見から解決のための手立てまでを考えることができる。

・話し合いの中で、自分の意見を伝えたり、友だちの意見を正確に聞き取ったりする。

・自分の意見を、分かりやすい言葉で発表することができる。

（カ）学習過程

　この実践では、「よりよい製品づくり」を課題設定とし、アンケートにより情報収集した内容を整理分析し、解決策の検討・発表・解決策の実施という流れで、授業展開を行ってきた。以下は、情報収集から発表までの、話し合い活動を行った際の学習過程である。

第3節　結果

表 3-3-5 学習過程

過程	時間	学習活動	指導上の留意点（□課題、○支援、☆評価、◎評価方法）	
			生徒の動き	全　体
導入	5分	・挨拶 ・授業内容の説明を聞く。（商品の改良点・改良方法の話し合い） ・この時間の目標を立てる。	自分の本時の目標を具体的に考えることができる。 ☆ 適切な目標設定ができたか。 ◎ 行動観察 ◎ 作業日誌の確認	ホワイトボードに「授業のめあて」を貼る。 机上に「話す人のルール」を置き、意識できるようにする。
展開	40分	・販売時の写真を見る。 ・アンケートを基に、商品開発に向けて話し合う。 ① アンケートを見ての感想発表 ② 改善できる点（グループでの話し合いを経て発表する） ③改善策 ・話し合った内容を、発表する。	・自分たちの行動を思い出す。 ・資料等から課題を見付け、改善策等を考えることができる。 ・話合いの中で、自分の意見を伝えたり、友だちの意見を正確に聞き取る。 ☆ 資料を読んで自分の改善策等を考えることができたか。 ☆ 自分の意見を伝えながら、友だちの改善策を正確に聞き取る。 ・自分の意見を、分かりやすい言葉で発表することができる。 ☆ 聞く相手に伝わるように、分かりやすくまとめて発表する。 ☆ 最後まで話し合いに参加できたか。 ○ 意見が出やすいように資料を用意する。 ◎ 行動観察	写真を見て、活動を思い出す。 アンケート集約、2種類のレシピ、クッキーを提示し、改善策を考える手立てとする。
まとめ		・作業日誌への記入 ・目標達成できたかの報告	◎ 行動観察を行い本人と振り返りを行う。 ◎ 作業日誌の確認	○ 良かった点、工夫している点等を提示する。

（キ）本授業についてのルーブリック評価

表 3-3-6 授業についてのルーブリック評価

つけたい力＼達成レベル	レベル1	レベル2	レベル3	レベル4
【1. 改善策を考える】アンケート等の資料を正確に読み取り，具体的な改善策を出す。	自分の考えが出ない。他の人の考えに同調するにとどまる。	資料から問題点を見つけ出すにとどまる。	資料を読んで自分の改善策等を考えることができる。	資料を正確に読み取り自分の考えを持ちつつ，他の人の意見も取り入れて，改善策等を考えることができる。
【2. 話し合う】発表者の伝えたいことは何かを考えつつ，自分の意見を伝えることができる。	自分の意見を発表できず，話し合いでも意見を理解できない。	自分の意見を伝えることはできるが，友だちの発表を十分聞き取ることは難しい。	自分の意見を伝え，友だちの発表を聞こうとする。	自分の意見を伝えながら，友だちの改善策を正確に聞き取る。
【3. 発表する】相手に伝わるように，分かりやすく発表する。	「わかりません」「考え中です」の言葉で終わる。	単語で発表する。	まとまらない言葉でも，発表をする。	聞く相手に伝わるように，わかりやすくまとめて発表する。

（ク）学習評価

　話し合いについては、生徒が自分の発表時の目標を決めたり、小グループで話し合いをしたりしたことで、意見を出しにくい生徒も自分の考えを発表できていた。また、これまでの授業における生徒の様子から判断して、妥当な枚数の名前カードを教員の側で準備したが、全体で話し合う場面で発表すると名前カードが貼り出されていくことにより、発表意欲を高めることができ、主体的な取組を促す手立てとして効果的であった。これらの工夫により発表は、正解を出すことが目標ではなく、自分の意見、気持ちを表現することが重要なことだと気付き始めることができたと考える。

　多くの人に試食してもらった際のアンケート結果を基に話を進めたことで、問題点や解決策を具体的に考えることができた。中には今までの作業での失敗点などを思い出し、作業方法等についての具体的な意見を出すことができた生徒もいた。一方で、自由記述を手掛かりにすると意見を出せるものの、数値による分析は難しいようであった。そこで、作り方によって改善ができることに気付くことができるよう、2種類のレシピで作ったクッキーの見比べ、食べ比べを行った。比較材料を提示することで、レシピが違うことによる味や香り、手触り、食感等の違いに気付き、次の手立てを考えることにつながった。見比べるといった視覚のみで比較するのではなく、味や食感といった多様な感覚を働かせて比べようという姿勢が見られた。また、考え

方として「どのようにして調べるか」等、ヒントになる言葉を出しておくことで課題については、誰に相談すればいいのかという手立てを自分たちで考えることもできた。

発表の仕方については、ルーブリック評価に照らすと、ほぼレベル３に達していた。しかし、挙手せずに発表する場面もあり、発表する上での課題も残った。

ルーブリック評価を活用したことで、生徒の学習状況をより正確に把握でき、学習評価を行うのに有効であった。

（ケ）授業者による実践の振り返り

本時の目標を生徒が意識できるよう、本授業の導入時に、自分で考えた改善策を発表することが目標であることを伝えた。同時に、話し合ったり発表したりする手立てとして「話し合いのめあて」「話し合いのルール」を提示した。話し合いのめあて（一人３回は発表する、友だちや先生の顔を見て、話を聞く）はホワイトボードに貼り、話し合いのルール（「分かりません」はやめましょう、「考え中です」は３回までにしましょう）は各生徒に配り、発表時に意識できるようにした。また、これまでの授業の様子等から勘案し、ホワイトボードに妥当な目標となる枚数の名前カードを準備し、発表した意見のカードと一緒に名前カードを貼り出し、誰が何回発表したかが分かりやすいようにした。このことによって、多くの生徒が「○回発表する」といった具体的な数字目標を自ら掲げ、発表回数が増えた。

さらに、話し合いや、発表が苦手な生徒のために、話し合い場面のグループ分けに配慮した。生徒同士の人間関係に考慮しつつ、話し合いで中心になる生徒を各グループに配置し、全員から意見が出やすいように配慮した。気持ちがそれやすい生徒には、司会者、板書係といった役割を設定することで、時間いっぱい話し合いに参加することができた。加えて、司会者、板書係には事前に進行メモを渡し、安心して役割を果たせるように、また話し合いの見通しがもてるようにした。

実施回数が少ないため、十分に手立てが活用できていたとは言い難い側面もあるが、話し合って発表するための手立てとしては有効であり、本時の目標を達成することができたと考える。

生徒が主体的に考える手立てについては、まず、最初に試食した方からのアンケートの集約といった資料を見比べ、その後より考えやすいように作り方の異なるクッキーを用意しての食べ比べを行い、最後にどのようにして調べるかという三段階で検討できるようにした。このことは、改善点を考える

ことには特に有効であった。しかし、アンケートの集約が単純集計による数字のみの提示であったため、棒グラフやレーダーチャートのように量的に比較しやすいもので表した方が、より広く考えることにつながったと考える。また、考える道筋がわかるように板書を行えばより改善策を検討しやすかったものと考えられる。

（広島県立庄原特別支援学校）

ア　広島県立庄原特別支援学校の実践に関する考察
（ア）アクティブ・ラーニングの視点と授業内容との関連
a　主体的な学び
「よりよい製品づくり」という明確な単元目標のもとに授業が展開されており、そこに向かって課題意識をもって取り組もうとする態度や、探究心を働かせて友だちと協力して粘り強く製品の改良に取り組もうとする「学びに向かう力や人間性」を念頭に置いた取組が展開された。特に、主体的な学びに関わっては、多面的に思考し、判断するための手立てとして、「お客様へのアンケート」を検討の材料として取り上げ、自由記述の読み取りや数値データの分析により、改善点を見い出そうとしていた。アンケートを取り上げることにより、自分達の取組に対する評価への期待といった点で、生徒の関心や意欲を刺激し、活動への積極的な関与が一層高まるような工夫がなされていた。さらに、数値データの分析の難しさを考慮して、比較検討するための素材として2種類のレシピで作ったクッキーを持ち込むことなどにより、数値データと関連づけながら見た目や食感、味の違いについて実感を伴いながらその意味を理解することに努めていた。

これらの複数の手立てを講じることで、生徒個人はもとより、作業グループ全体として「よりよい製品づくり」を目指そうとする姿勢を引き出し、相乗的な効果としての主体的な学びを展開していた。
b　対話的な学び
本単元では、多様な意味での対話的な学びを展開していた。一点目は、生徒が小グループに分かれたり、グループ全体で話し合ったりする中で、互いの意見を認めたり更に疑問を投げ掛けたり、反論したりしながらグループとしての方向性をまとめていくという意味での、対話的学びである。「お客様からのアンケート」という検討素材を手がかりに、多面的な考察や解釈ができるということを生かしながら、教員と生徒間や、生徒相互で双方向性のある学びが展開されていた。また、そのことを通じて目標としての「よりよい

製品づくり」につなげ、「学びに向かう力や人間性」を育んでいく視点を併せ有していた。

　二点目は、一点目の学びのもととなる「お客様」との対話である。アンケートという検討素材を持ち込むことにより、一人一人のお客様が「何をどのように感じたのか」を丁寧に読み取る中で対話を成立させ、その中から得たヒントをもとに生徒間での対話へとつなげている。言わば、内なる対話と外との対話を行き来させることで、深みのある対話的な学びを成立させている。

　三点目は、環境（場面や状況）との対話である。例えば、アンケート結果の数量的な解釈が難しいときに、比較できる二つの素材（レシピの異なるクッキー）を用いることで、相違点に気付けるような状況を設定していた。このほかにも、単元を通して生徒が身につけていくべき資質・能力に応じた状況づくりを工夫し、環境との対話の中で例えば「報告・連絡・相談」の必要性を吟味したり判断したりするなどの学習活動が展開されていた。対話を行う相手が、必ずしも「人」に限られていない点に注目する必要がある。

　c　深い学び

　本単元は、「第一次（習得）、第二次（課題発見）、第三次（探求）、第四次（活用・振り返り）」までのまとまりを複数回繰り返す、スパイラル型の学習を展開することで、課題を発見する力や、ものごとを多面的に見たり、分析的に見たりする力を育むことが意図されていた。また、作業学習という指導の形態の中で、数学的なものの見方・考え方、理科的なものの見方・考え方等を相互に関連づけるとともに、それらを総合的に活用して「よりよい製品づくり」につなげようとしていた。

　例えば、製品の改良の過程では、どの要因（味、香り、食感、見た目等）をどの程度調整すれば、品質がより良くなるのかという視点に気付くことができるよう、お客様アンケートを検討の素材としたり、実際に食べ比べをしてみたりといった工夫をしていた。このことで、生徒自身から食感の改良のために「卵白をしっかりと泡立てる」といった発言や味の改善のために「砂糖を少し多く入れる」といった意見が出されるなど、分析的な視点（改良するためには調整可能な要因があること）そのものの内在化を図るという意味においても、深い学びが展開されていた。この学びは、焼き菓子以外の別の製品づくりにも応用できることや作業学習のみならず、学校生活・家庭生活等の様々な生活の質を改善していく際の視点として有用であることへの気づきにつなげることで、更に一層、深い学びへと発展させていくことのできる可能性を有していると考えられた。

（イ）考察

　本単元は食品を製造する作業活動が中心であったが、単元を通して「お客様へ満足を届けるにはどのような工夫が必要か」を中心的な問いとして設定し、商品開発から販売まで一連の活動を組織していた。

　単元計画の最大の山場となる商品開発においては、お客様からのアンケートや試食による食べ比べ等を基にして「味を科学する」ことへの探求活動を行い、それまでに習得した知識・技能を生かしながら、試行錯誤やグループによる検討を繰り返すことを通じて、「協力」や「責任」といった学びに向かう力や人間性という、単元で身に付けたい資質・能力の育成に努めた。

　具体的な授業の展開では、（1）話し合いのめあて・方法を明確にする、（2）少人数で話し合う場を設ける、（3）考えるための材料・考える手立てを準備する、（4）考える道筋がわかるように板書を行う、という4つの視点で授業改善を行うことで、「自分の考えを広げ深める対話」へと発展させ、「課題の発見・解決に向けた主体的・協働的・創造的な学び」につなげようと意図していた。

　これらの中には、更なる改善の余地も含まれている。例えば、話し合いのルールとして「『分かりません』はやめましょう」や「『考え中です』は3回までにしましょう」といったものが設定されていたが、これらは生徒自らの意思に基づくものではなく、教師から与えられたものである。ルールの設定については、生徒間の意見交換と意思の確認により話し合いのルールを決めたり、「分かりません」や「考え中です」といった発言を少なくするための「思考」の補助や支援を行ったりする工夫を行うことが重要である。

　知的障害のある生徒にとっては、「考える」ことの具体的な内容が分からないと考えにくかったり、必要に応じて「考える」ための方法や基準の提示がなければ思考したり判断することが難しい場合がある。その際に、例えばマトリックス表（表3-3-7）を用いたり、アイディア創出のための討議法（ブレイン・ライティング等）を用いたり、比較対象を設定したり図表（図3-3-3）を用いたりするなど、イメージを豊かにもって検討することや思考のプロセスを段階的に提示していくことが必要である。

　上記の点から、更に「主体的・対話的で深い学び」を追求していくことが望まれる。

表 3-3-7　マトリックス表

	レシピA	レシピB
味		
香り		
手触り		
食感		
焼き加減		

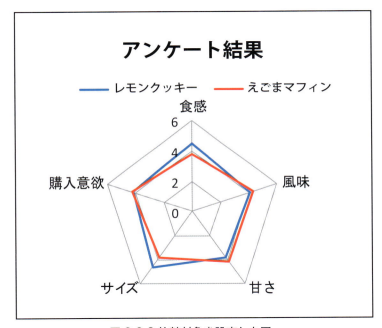

図 3-3-3 比較対象を設定した図

（武富博文、清水潤）

③ 愛媛大学教育学部附属特別支援学校
ア 学校の基本情報

（ア）学校教育目標及び教育課程の特徴

学校教育目標に、「たくましく生きぬく力をもつ子どもの育成～すべての子どもの自立、社会参加、就労の実現を目指す～」を掲げ、教育実践に当たっている。

小学部は日常生活の指導、遊びの指導、生活単元学習、中学部・高等部は生活単元学習、作業学習と、「各教科等を合わせた指導」を中心とした教育課程を編成している。中学部・高等部が週2日（6単位時間）、合同で作業学習を実施し、中高一貫した視点で指導を行っている点が特色の一つである。

教科別の指導として、小学部は音楽と体育、中学部及び高等部は音楽と保健体育を行っている。また、中学部・高等部は総合的な学習の時間を設けている。自立活動については、教育活動全般を通じて、一人一人の実態に応じた指導を行っている。

本校では、学校の教育目標を具現化するために、より成果の上がる取組となるよう、キャリア教育の視点に立ち、小学部・中学部・高等部12年間の一貫性・系統性のある教育活動を推進している。

（イ）育てたい力

学校教育目標を受け、「自分のよさを生かし、自主的・主体的な生活のできる子ども」、「自分の思いや願いをもち、学校生活・家庭生活・地域生活・職業生活などの多様な生活の場で役割を果たし貢献できる子ども」を目指す子ども像として設定し、児童生徒の実態に応じた実践を行っている。

教育活動を通して目指す子ども像に迫ることができているかを結果の側面から検証するために、学習評価の4観点に基づき以下のように育てたい力を設定している。

- 自分の思いや願いを大切にしながら、家庭生活、学校生活、地域生活、職業生活などの多様な生活に関心をもち、自ら課題に取り組み、役割を果たして貢献しようとする。（「関心・意欲・態度」の側面）
- 家庭生活、学校生活、地域生活、職業生活における多様な課題を、

> 自分のよさを生かして解決するために、必要な知識・技能を活用
> し、考えたこと・決定したこと等を表現しようとする。(「思考・
> 判断・表現」の側面)
> ○ 家庭生活、学校生活、地域生活、職業生活を送るために必要な情
> 報を集めたり確かな技能を身に付けたりする。(「技能」の側面)
> ○ 家庭生活、学校生活、地域生活、職業生活を送るための正しい知
> 識を身に付け、自分の役割や、自分にできることを理解する。(「知
> 識・理解」の側面)

　本校では、こうした教育の成果をもとに児童生徒の人生の質を向上し、「働
く生活」の実現を図るために、キャリア教育の視点に立った研究実践を推進
している。各授業実践を通してキャリア発達を促すためには、児童生徒がそ
のときどきの自己の立場や役割と真剣に向き合い、貢献する活動を積み重ね
るなどの主体的な行動を発揮することが重要である。そのためにも、児童生
徒の主体的行動を引き出している内面(意識・意欲・主体性)に焦点を当て
る必要があると考えた。そこで、児童生徒の内面が働く確かな学びの姿を以
下の5つの規準で具体化・明確化し、授業実践に反映している。こうした力
を発揮して課題解決に向き合うことは、新しい時代に必要な資質・能力を育
成することにつながるものであると考えている。

> **＜内面の働く確かな学びの姿〔規準〕＞**
> a　人との関係の中で力を発揮し
> b　思考を働かせて力を発揮し
> c　見通しをもって力を発揮し ┐
> d　正しい(通用する)方法で力を発揮し ├ 課題解決に取り組む
> e　自分の役割を意識して力を発揮し ┘

a 「人との関係の中で力を発揮し課題解決に取り組む姿」について
　　　　　将来、社会生活に適応するためには、「人との関係性の中で何がで
　　　きるか」を重視し、日々の授業において集団としての生活に適応す
　　　る力を育てる必要があると考えた。
b 「思考を働かせて力を発揮し課題解決に取り組む姿」について
　　　　　思考を働かせることを要しない、結果を得るだけの学習で身に付
　　　いた力は、場面や場所が変われば通用しない。生きる力を育てるた
　　　めには、課題解決の過程で十分に思考を働かせ、考える力・判断す

る力を育てる必要があると考えた。

c 「見通しをもって力を発揮し課題解決に取り組む姿」について

　　「できる」こと（結果）は大切であるが、生きる力を育む上で、「分かる」こと（過程）はより重要である。生きる力の土台である意欲を育てるためには、見通しをもち、分かって取り組もうとする力を育てる必要があると考えた。

d 「正しい（通用する）方法で力を発揮し課題解決に取り組む姿」について

　　卒業後の「働く生活」を実現するためには、自分の役割をよりよく果たし貢献できた実感をもつことが重要である。そのためには、社会生活に通用する正しく、確かな方法で取り組もうとする力を育てる必要があると考えた。

e 「自分の役割を意識して力を発揮し課題解決に取り組む姿」について

　　家庭で、学校で、地域社会で、職場で、自分がなくてはならない存在であることを実感することは、キャリア発達を促す重要な条件である。課題解決の過程において、社会的役割を果たすことに意味付け・価値付けがなされる体験を積み重ね、自らの役割や立場に対する責任感を育てる必要があると考えた。

　これらは、先に述べたとおり「何ができるようになるか」という育成を目指す資質・能力を踏まえた規準であり、各授業実践における目標（ねらい）を検討する上での視点としている。このことは、「何を学ぶか」という視点、また、「学び方の指標」と捉えれば、「どのように学ぶか」というアクティブ・ラーニングの視点にも通じるものである。

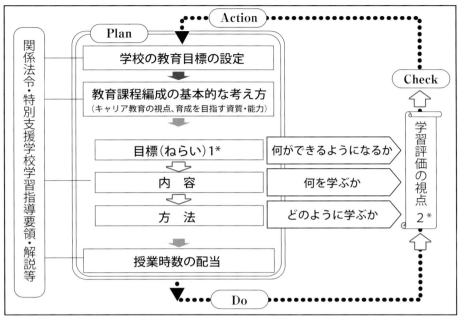

図 3-3-4　本校における教育課程編成の考え方

　本校では、授業づくりを核に据えた教育課程編成の PDCA サイクルを図 3-3-4 のように捉えている。教育活動の核である授業づくりを進める上で、内面の働く確かな学びの姿（5つの規準）をもとに目標（ねらい）を検討し（図 3-3-4 中、1*）、授業実践等の結果として育てたい力が確かに身に付いたかを、学習評価の 4 観点から評価する（図 3-3-4 中、2*）ことで、教育課程編成の見直しを図っている。

（ウ）学習評価とその活用の取組

　本校では授業（主として「各教科等を合わせた指導」）において、（イ）に示した観点別学習評価の 4 側面から児童生徒の学習状況を評価する規準を設定している。日々の授業における個別の達成目標を 4 つの観点で分析的に捉えることで、目標に示した行動が「どのような方法で」「どのような表れ方で」「どの程度」できればよいのかを見取ることが可能となり、児童生徒に身に付けたい力を、どのような学習状況として実現すればよいかが具体的に想定できた。目標と指導と評価の一体化を図り、学習評価を授業改善の視点として機能するものとすることにより、「何を」「どのように」「どの程度の時数で」指導を行うのか等、教育課程全体の見直しにもつながっている。

（エ）授業づくりの視点

　本校では、「A　単元・学習内容設定の工夫」、「B　学習環境・支援の工夫」、

「C　評価の工夫」という授業づくりの３つの柱を設定している。このことは、本校の教育課程の中心である「各教科等を合わせた指導」の「生きる力を育てる」という本質的な意義・目的を最大限に生かし、児童生徒のキャリア発達を支援するための重要な手立てである。本校では、児童生徒のキャリア発達を促すとは、課題を解決するための主体的行動を引き出している「内面」を育てることであると考えている。「育てたい力」の視点でもある、「人との関係の中で」、「思考を働かせて」、「見通しをもって」、「正しい（通用する）方法で」、「役割を意識して」、という５つの規準で子どもの姿を捉え、目標設定・支援・評価の視点である授業づくりの３つの柱から「内面の働く確かな学び」の質を改めて見直すことは、授業におけるアクティブ・ラーニングとしての根拠を示す取組と考えている。

イ　アクティブ・ラーニングの視点をふまえた授業実践例
～小学部花組（３・４年生）：生活単元学習の実践～
（ア）単元名
「はなぐみ　ふゆのレストランをしよう」
（イ）学級の実態
　本学級は、３年生４名（男子３名、女子１名）、４年生３名（男子２名、女子１名）の計７名で構成されている。意欲的に活動しようとする児童が多く、明るい雰囲気の学級である。友達と目的を共有したり、その目的を達成したりする経験を重ねる中で、学級としてのまとまりができ、自分のよさや得意なことを生かして、みんなの役に立ちたいという気持ちが育ってきた。２学期には、ゲームコーナーに招待してもらった中学部１年生を招き、「はなぐみあきのレストラン」を開店した。調理や接客などの役割を果たし喜んでもらうことで、人の役に立つためには活動の確かさや丁寧さが大切であることを実感できた。また、集団で一つのことをやり遂げる楽しさや達成感を味わったりするなかで、活動に見通しをもって取り組もうとする態度も身に付いてきた。
（ウ）単元目標
○　「はなぐみレストラン」での自分の役割に進んで取り組もうとする。

【人間関係形成能力：集団参加】

○　「はなぐみレストラン」の目的が分かり、活動をやり遂げようとする。

【将来設計能力：やりがい】

（エ）単元構成

表 3-3-8　単元構成表

学習活動	具 体 的 活 動 内 容	時数
1　レストランを開店する計画を立てる。	○ 地域のレストランで食事をしたり、接客等のやりとりを実演したりしてイメージをもつ。 ○ 提供するメニューや担当する役割などについて話し合う。	5
2　開店準備をする。	○ レストランに必要な準備の計画を立てる。 ○ ランチョンマットや看板、飾り付けのオーナメントなどを協力して作成する。 ○ お客さんを迎えるための招待状やチケットを作成する。 ○ 店員としてスムーズに動けるよう、お客さんへの応対や調理の仕方を考えたり練習に取り組んだりする。	10
3　レストランを開店する。	○ 準備物や活動場所、開店に当たっての目当てを確認し、開店の準備をする。 ○ レストランを開店し、話し合ってきたことや目当てを意識して接客係や調理係の役割活動に取り組む。 ○ 協力して閉店後の片付けや掃除をする。 ○ お客さん（中学部生徒）の様子・反応などをもとに活動を振り返る。	3
4　保護者を招待する。	○ 招待状やチケットを作成し、お家の人を迎える準備をする。 ○ 目当てを再確認し、協力してお店を運営する。	3
5　活動を振り返る。	○ 単元の活動を写真や映像等で振り返り、次の活動への意欲をもつ。	1

（オ）授業展開

　本単元の活動は、少し背伸びしてみたい時期にある中学年の児童らしい「やってみたい」「なってみたい」という憧れの心情を織り込みつつ、7名の児童が力を合わせてレストランを運営し、身近な相手（本単元の場合は中学部生徒）に喜んでもらう活動である。個としてまた集団としての思いや願いを実現するために、もっている力を精一杯発揮し、自分に任された役割を果たすことを通して、自ら考え判断しながら課題を解決する力を身に付けることが、そのねらいである。小学部児童にとってふさわしい生活の場である家庭・学校において自分の価値を磨き、実感することが、将来にわたり自らの価値を示し生きる力の土台となると考えている。授業づくりの3つの柱に沿って、主にレストラン厨房で重要な役割を担当したBさんの事例を挙げながら、アクティブ・ラーニングの視点からの授業づくりの方策について述べる。

（カ）「A　単元・学習内容設定の工夫」の視点から

　本単元での学びを深めるためには、児童にとって大切な学習の場であるレストランを、お客さんが心から「来てよかった」と思えるものにすることが重要である。お客さんに喜んでもらい貢献できたことを実感してほしいから

であり、役割を果たすことで、間違いなく喜んでもらえるという見通しをもてるからこそ、精一杯力を発揮できると考える。そのためにも、提供する献立の質や、一人一人が受け持つ役割の価値を高めることが重要である。

　単元の導入では、作りたいメニューのイメージをもつことができるよう地域のレストランで会食をする体験をした。写真3-3-1は、児童と話し合い、用意した献立（カレーとサラダ）である。授業のねらいを考慮し、児童一人一人がもっている力を最大限に発揮するとともに、課題性のある学びが設定できるかどうかを検討した結果の献立でもある。

写真 3-3-1　提供するカレーライスとサラダ

写真 3-3-2　Bさんが自分の課題を記したカード

　レストラン開店時の場の設定と、児童の役割分担は、図3-3-5に示しているので参照されたい。ご飯の盛り付け・トッピングを担当したBさん（3年生女子）は自閉的傾向があり、音楽や絵を通して自分なりの自由な表現を楽しむことが好きな児童である。少しずつ相手の立場や気持ちを考えて行動しようとする意識の芽生えが見られるようになってきたBさんの、本単元で目指したい姿は「相手に喜んでもらうために、きれいに仕上げようとする」

ことであった。そのためには、人との関係性の中で「正しい方法や手順で自分の役割を果たす」ことを課題として意識してほしいと考えた。写真3-3-2は、Bさん自身が記した目当てカードである。レストラン開店に当たってのBさんの目標と評価規準は、以下のとおりであった。

○ 注文どおりに、正しくカレーのトッピングをする。
・ オーダー票や友達の動きを確認しながら活動に取り組もうとする。
　（関・意・態）
・ 印を見て、場所や向きに気を付けながらトッピングしようとする。
　（思・判・表）

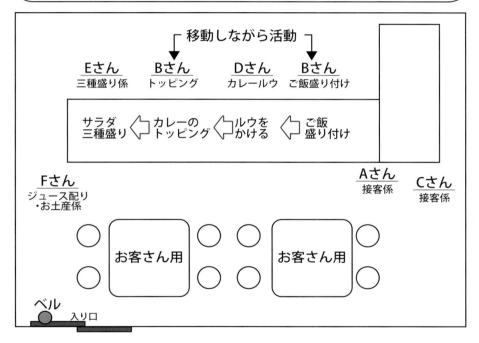

図3-3-5　はなぐみレストランの場の設定と役割分担

（キ）「B　学習環境・支援の工夫」の視点から

「身近な人の役に立ち喜んでもらう」ことが、本活動の目的であり、そのために一人一人が自らの課題を解決し精一杯力を発揮して役割を果たしてほしいと考えた。図3-3-5に示したように、活動の流れ（手順）が分かりやすい動線となる配置にしたり、入り口に来客を知らせるベルを設置しその音を聞いてお客さんを迎える言葉を掛けたりするなど、児童が自ら判断し行動しながら役割を果たすための手立てや環境的支援を工夫した。前項に示したB

さんの目標を達成するための支援の手立ては、次のとおりである。
  a 課題意識や意欲を高めるための手立て
　　単元導入でレストランを訪れて目にした、厨房のコックさんと同じ衣装を身に着けることは、イメージ豊かなBさんにとって課題解決の意欲を高めるのに非常に有効であった（写真3-3-3参照）。
  b 仕上がりへの見通しをもって活動に取り組むための手立て
　　花の形に型抜きした野菜や、ハート型のハンバーグ等をトッピングしたかわいい仕上がりが目に見えることで、Bさん自身も楽しみながら活動に取り組むことができた。さらに、縁にアルファベットの模様が付いた皿（写真3-3-4）を使うことで、ブロッコリー・人参等のボイル野菜を、ご飯の周りに回し掛けたカレールウの上に、バランスよくきれいに配置することができるようにすることで、仕上がりの見通しをもち、やりがいを感じることができるようにした。

写真3-3-3　ご飯の盛りつけ（左）、トッピング（右）に取り組むBさん

写真3-3-4　アルファベットを目印に野菜を配置する

  c 仲間（人）との関係の中で役割を果たすための手立て
　　Bさんは、本活動において、ご飯の盛り付け・ボイル野菜等のトッピングの2つの役割を受け持っている。動線の分かりやすい場の設定や、上記に示した支援の工夫は、Dさんがカレールウを注ぐ活動の進度に合わせ、場所を移動しながらも、間違いのないよう注文票を見たり目印に合わせた丁寧な盛り付けをしたりするなど、確かな取組を進めるための手立てである。こうした、人との関係性の中で判断しながら自分の役割を果たす動きのある活動は、思考の働きをよりアクティブにし、状況に応じて発揮する生きた力を育てることにつながるものである。
  d 「C　評価の工夫」の視点から

自ら主体的に活動に取り組み課題を解決できた過程を他者から評価されることは、キャリア発達を支援する上で非常に重要であると考えている。当然のことながら、児童自身が課題を強く意識し、その解決のために自己評価しながら精一杯力を発揮できた実感が伴うことが大切である。

　本単元においては、完成したカレーライスやサラダを見て、「わあ、かわいいね。」「おいしいね。」等の言葉を、お客さんである中学部生徒から直接聞くことができた。さらに、食事を終えて店を出た生徒が友達同士で自然な感想を語り合う様子をビデオで撮影し閉店後の振り返りに使うことで、Bさんをはじめ多くの児童が、喜んでもらえた確かな実感をもつことができるようにした。

ウ　学習評価

　Bさんの事例で示したように、一人一人の役割活動や課題に応じた個別目標を立て、その目標の達成を分析的に捉えた観点別の評価規準を事前に作成する。その規準に沿って指導の手立てを検討するとともに、形成的評価に生かしたり授業後に評価したりすることにより、目標と指導と評価の一体化を図っている。

エ　実践の振り返り

　実践の過程で大切にしたのは、「内面」をアクティブに働かせて主体的に活動に取り組む授業をつくることである。「見通しをもって自分で判断し、最後までやり遂げたという、自分の『価値』を実感できる十分な学びがあれば、役割を意識したり人との関係の中でよりよく自分の力を発揮したりしようとする主体的な行動へと、その質が高まっていく」。これが、本事例の基となる考えである。Bさんは目印をよく見て正確に食材を配置し、配膳係に渡す前にいろいろな角度から真剣に目視確認・修正するなど、正しく自己評価しながら係の活動に取り組むことができた。思考を働かせ自ら判断しながら向き合うべき課題とそれを解決するための見通しがあればこそ、主体的な姿（内面の働く姿）を発揮することができたと考えている。

　こうした成果は、文脈のある活動設定の中で、確かな「内面」を働かせる「深い学び」のある授業づくりを追究してきたことによるものである。重度の知的障害のある子どもたちであっても、こうしたアクティブ・ラーニング

の視点からの授業、つまり主体的・対話的で深い学びが十分に可能であることを、実践を通して示すことができたと考えている。「自らの価値」を磨き、それを実感する学びは、キャリア発達を支援する上でも重要である。本校が研究の核に据えてきた「キャリア発達を支援する」という視点は、「何ができるようになるか」「何を学ぶか」「どのように学ぶか」を一体的に捉えた実践を展開し、アクティブ・ラーニングの本質を問い直す鍵であることを改めて実感している。

（愛媛大学教育学部附属特別支援学校）

オ　愛媛大学教育学部附属特別支援学校の実践に関する考察
（ア）　アクティブ・ラーニングの視点と授業内容との関連
a　主体的な学び

　　愛媛大学教育学部附属特別支援学校では、「育てたい力」で述べられているように児童生徒の主体的行動を引き出している内面に焦点を当て、そうした内面が働く確かな学びの姿を5つの規準で具体化・明確化し、こうした力が学習活動の中で発揮できるように授業づくりを行っている。

　　授業では、知的障害のある児童が自分の役割を理解して積極的にやり遂げようとする主体性を目的とした内容である。整理され、分かりやすく、役割に集中できる環境を教員が作ることで、活動中の直接的な指導・支援を減らし、児童自らが判断できるようにしている。そうした中で、児童達は求められる役割に対して、自分で判断し主体的な活動ができると考えられる。

b　対話的な学び

　　授業づくりの視点として、主体的行動を引き出す5つの規準を挙げたが、この規準は主体的な学びだけに関係するのではなく、他の視点とも関係している。「人との関係の中で力を発揮し」、「自分の役割を意識して力を発揮し」は、主体的な行動に焦点化しながら、対話的な学びと関連していると考えられる。

　　言語でのコミュニケーションが困難な知的障害のある児童の場合、他者と双方向的なやりとりをすることは難しいと考えられる。この授業では、活動の中で他の児童の動きから、他者の意図を理解し、自身もここでの活動の目的を達成できる様に行動することと、そうして活動することで相互に役割を交代することで、非言語的コミュニケーションが行えると考えている。こうしたことにより、言語でのコミュニケーションが

困難な児童も、他の児童との対話的な学びを行い、自身がどう振る舞えば役割をとれるのかを気付くことができると考えられる。

c　深い学び

深い学びに関しても、主体的行動を引き出す5つの規準のうちの「思考を働かせて力を発揮し」、「見通しをもって力を発揮し」、「正しい（通用する）方法で力を発揮し」が関連していると考えることができる。これらの規準は主体的な行動を児童本人が考えながら行うことを目指していると考えられる。

この授業での深い学びは、児童の「内面」をアクティブに働かせて主体的に活動に取り組めるような環境を準備することで、人との関係の中で自らの役割について理解し、更に少しずつより充実できることを実感できることだと考えられる。

（イ）　考察

この実践で扱った単元は、活動の中で自分の役割を理解し、自ら活動をやり遂げようとすることをねらいとした生活単元学習であった。この報告で中心となったのは、知的障害があり、言語だけでは十分にコミュニケーションがとりにくい児童であった。

こうした児童の場合、対話的な学びをどのようにとらえるかが課題となる。この実践では、対話的な学びを人との関係の中で、自らの役割を理解できることと捉えられている。そのために、この授業では整理された環境の中で、事前準備での食器の工夫や配置の工夫により、児童は手がかりを活用して自ら判断できるようにしている。その結果、少ない直接的な指導・支援の中で、児童は他の児童との具体的な活動を通した対話を行いながら行動、判断することができている。

本実践で、この児童の目標設定は「相手に喜んでもらうために、きれいに仕上げようとする」であった。喜んでもらえるようなという規準を評価することは難しいが、この実践では盛り付けした食事が客に手渡される様子が児童に分かり、実際にお客が喜んでいるかどうかが分かるようになっていた。こうした、自分の行った結果がすぐに分かるような仕組みを作ることで、児童は更に自らの役割を意識し、それを果たそうと考えられるようになるだろう。

本実践では、主体的に自分の役割を理解し、自ら活動をやり遂げようとする活動に対して、アクティブ・ラーニングの視点を授業改善に生かしている。このように、児童の実態に応じた学習内容を設定することは、児童の発達段

階や障害の特性を把握するとともに、何を学ぶべきかなど様々な要素を考える必要がある。愛媛大学教育学部附属特別支援学校では、キャリア発達を促すことを柱とし、それぞれの発達段階に応じた身につけることが期待される能力・態度を示し、一貫性・系統性のある指導・支援を行うためのキャリア発達段階・内容表を作成し、教員同士で観点を共有しながら目標・課題の設定を行っている（武富、2015）。こうしたことにより、アクティブ・ラーニングの視点を授業改善に生かすことができたと考えられるだろう。

（横尾　俊）

④　長崎県立鶴南特別支援学校

ア　学校概要

（ア）学校教育目標及び教育課程の特徴

学校教育目標は、「児童生徒が自己の能力や個性を発揮し、一人一人がそれぞれの自己実現と社会参加を図るために必要な知識・技能・態度及び習慣を育成する。」である。

この目標を達成するために、以下の基本方針に則り教育課程を編成している。

・教育基本法及び学校教育法その他の法令に基づき、知的障害のある児童生徒を対象とした特別支援学校の教育課程を編成する。

・学習指導要領に基づき、児童生徒の「生きる力」を育む教育課程を編成する。

・本校の教育目標及び学部目標の実現を目指して、本校児童生徒の一人一人の教育的ニーズや障害の状態及び発達の段階、特性等並びに地域や学校の実態を十分に考慮して、系統性・一貫性のある教育課程を編成する。

・教育活動全般における評価や、これまでの研究成果、実践研究、学校評価の結果を生かした教育課程を編成する。

・障害の多様化に応じた教育課程を編成する。

（イ）育てたい力

本校では、「めざす児童生徒像」として以下の４点を挙げている（【　】内は関連する「資質・能力」を示している）。

・**健康な心と体**をつくる児童生徒【学びに向かう力・人間性】

・感情豊かに**表現**し、意欲的に**行動**する児童生徒【思考力・判断力・表現力】

・**自他を大切**にする、**協調性**豊かな児童生徒【学びに向かう力・人間性】

・目標をもち、**学び続ける**児童生徒【知識・技能】

本校では、卒業後、社会の中で充実した生活を営むために必要な「心身の健康」「表現力・行動力」「協調性（自他を大切にする態度）」「学び続ける力」の育成を図っている。現段階での本校の「育てたい力」を以下のように捉える。

表 3-3-9　育てたい力と資質・能力

育てたい力	資質・能力
心身の健康	学びに向かう力・人間性
表現力・行動力	思考力・判断力・表現力
協調性（自他を大切にする態度）	学びに向かう力・人間性
学び続ける力	知識・技能

（ウ）学習評価とその活用の取組

　授業の評価としては、各授業の担当者グループで必要に応じて情報交換、反省、改善を図るようにしている。その結果を、個別の指導計画の中で児童生徒それぞれの評価として記録する。また、授業や単元全体の評価としては各学期の反省や、教育課程編成に向けての各学部会と指導の形態別の担当者会議において協議し、教育課程の編成につなげている。

（エ）授業づくりの視点

　アクティブ・ラーニングの視点に基づいた授業に取り組むに当たり、以下の点を単元を計画する上での留意事項とした。

・「主体的な学び」に関すること：児童がいつでも見ることができるように、授業で用いた資料をファイリングしたり教室内に掲示したりすることで、単元や校外学習への見通しをもてるようにする。また、ICT 機器やイラストなどの視覚教材を活用することで、興味や関心を持ちながら授業に取り組めるようにする。

・「対話的な学び」に関すること：教員が児童の思考や反応を代弁したり、絵カードなどの対話の補助となる教材を使ったりすることで、教員と児童間の対話を通して、児童の思考を広げ深めることができるようにする。

・「深い学び」に関すること：既習の内容や他教科等の内容を、授業内容と関連付けたり、教材を工夫して問いに対する児童自身の考えを表すことができるようにしたりすることで、各教科等で習得した知識や考え方を授業内外の様々な場面で生かせるようにする。

イ　アクティブ・ラーニングの視点に基づく授業実践例

（ア）指導の形態及び単元名

生活単元学習「宿泊学習に行こう〜水族館を楽しもう〜」

（イ）学級の実態

小学部５年生の男子３名。

表 3-3-10　学級の実態

児童名	実態
A児	・友達や教員へ積極的に関わろうとする。 ・不明瞭ではあるが簡単な発語や身振りを使って、要求などを伝える。 ・ペンギン水族館に行ったことがある。 ＜前学年の消防署見学の様子＞ ・写真や絵を見て「消防車」「救急車」などを答えることができた。 ・見学当日を楽しみにしながら事前学習に取り組んだ。
B児	・言葉掛けを受けると友達と手をつないで移動できる。 ・簡単な問い掛けに対して1～2語文で答えることができる。 ・絵本や絵カード、数字カードを見ることが好きである。 ・ペンギン水族館に行ったことがある。 ＜前学年の消防署見学の様子＞ ・写真や絵を見て「消防車」「救急車」「消防士」などと答えることができた。 ・消防署の役割や仕事内容についての理解は難しい。
C児	・言葉掛けを受けると友達と手をつないで移動できる。 ・1～2語文の言葉で意思を伝える。 ・苦手だった集会や集団活動に落ち着いて参加できることが増えてきている。 ＜前学年の消防署見学の様子＞ ・救急車と消防車の違い、「消防士」の名称と簡単な役割などを理解することができた。 ・教員がそばにいることで落ち着いて見学できた。

（ウ）単元構成

表 3-3-11　単元構成表

時	「題材名」・指導内容
1～2	「宿泊学習に行くよ！」　・宿泊学習の内容を知る。
	「宿泊学習でこんなことするよ！」・宿泊学習の活動内容について知る。（3～10）
3～4	「路面電車でGO！」　・路面電車の乗り方とマナーが分かる。
5～6	「美術館ってどんなところ？」　・美術館の様子について知る。鑑賞のルールとマナーが分かる。
7	「中華街でごはんを食べよう！」　・中華街の様子を知る。昼食で食べたいものを選ぶ。
8（本時）	「水族館を楽しもう！」　・水族館の様子を知る。水族館でのマナーについて考える。
9～10	「旅館に泊まろう！」　・宿泊の仕方（食事、入浴、就寝など）とマナーが分かる。
11～12	「みんなでおふろに入ろう！」　・入浴の仕方とマナーを確認する。
13～14	「荷物をかばんにつめよう！」　・宿泊に必要なものが分かる。
15～16	「いよいよ明日は宿泊学習！」　・これまでの学習について振り返る。
（行事12）	「宿泊学習」当日
17～18	「楽しかったね！宿泊学習」　・宿泊学習を振り返る。

第3節　結果

（エ）単元目標

表 3-3-12　単元目標

単元目標（育てたい力）	対応する指導内容（時）
宿泊学習の日程と内容が分かり、見通しをもって主体的に学習できる。（学び続ける力）	・宿泊学習の内容を知る。（1〜2） ・これまでの学習について振り返る。（15〜16） ・宿泊学習を振り返る。（17〜18）
集団行動の簡単なルールやマナーが分かり安全に行動できる。（協調性、表現力・行動力）	・宿泊の仕方（食事、入浴、就寝など）とマナーが分かる。（9〜10） ・「宿泊学習」当日。
公共の施設や公共交通機関の役割や利用の仕方が分かり安全に行動できる。（協調性、表現力・行動力）	・路面電車の乗り方とマナーが分かる。（3〜4） ・鑑賞のルールとマナーが分かる。（5〜6） ・中華街の様子を知る。（7）
水族館でのマナーについて考える。（8）	
自然や文化作品に関心をもったり親しんだりすることができる。（学び続ける力）	・美術館の様子について知る。（5〜6） ・水族館の様子を知る。（8）
入浴や就寝の仕方などの日常生活動作の大体の手順が分かり、自分でしようとする。（心身の健康、表現力・行動力）	・入浴の仕方とマナーを確認する。（11〜12） ・「宿泊学習」当日。

（オ）授業目標（【　】内は関連する「育てたい力」）

・水族館見学に関連する名称や見学の内容が分かる。【学び続ける力（知識・技能）】

・水族館の見学に必要なルールやマナーについて考えたり、正しいことを選択したりすることができる。【表現力・行動力（思考力・判断力・表現力）】

（カ）授業展開

表 3-3-13　授業展開

時	学習内容	学習活動（□：囲み内）及び手立て（○：囲み内）
導入 （10分）	前時までの振り返りをする。	スライドで前時の学習から、ペンギン水族館の生き物や活動内容を確認。 ・C児がタブレットPCを操作しながら、TVモニターに映されたスライドに書かれた文字を読むことで確認を促す。（教員1） ・必要に応じてA児とB児が画面に集中するように言葉掛けをする。（教員2）
展開 （25分）	ペンギン水族館でのルールやマナーについての理由を考え、発表する。	ペンギン水族館での大切なルールやマナーについて掲示物を見ながら、どういうことが正しい行動か、なぜ正しいのかを考えて発表する。 ルール・マナー①「水槽や展示物を静かに見る」の絵を見せて、なぜ静かに見ているのかを考える。 ルール・マナー②「生き物を優しく扱う」の絵を見せて、なぜ優しく扱うのかを考える。 ※ルール・マナー①の対話—思考—発表を終えて、ルール・マナー②について同様の学習の過程を繰り返す。 ○発表の後の答え合わせでは、「正しい行動」は画像等の視覚教材を提示し、「好ましくない行動」は口頭や文字のみの表示とする。

107

		○ルールやマナーの理由について、教員と対話する中で人物や生き物の絵・文字カードと気持ちのカード（写真3-3-5）を発表シート（写真3-3-6）に貼り、発表時に使用する。また、ルール・マナー②では、実寸大のペンギンの模型を準備して、児童が実際にペンギンをどのように扱えばよいのかを、模型に触りながら考えられるようにする。
まとめ（10分）	学習したことを振り返る。 次時の学習内容を知る。	本時を振り返りどんなルールやマナーがあったかを答える。
		○A児は、人物や生き物の絵カードに対応する気持ちの絵・文字カードを選択して振り返る。発表のときは、教員2が本児の発声に言葉を添える。 / ○B児は、どんなルールやマナーがあったかという質問に答えて振り返る（名詞や動詞1語文程度）。 / ○C児は、どんなルールやマナーがあったかという質問に答えて振り返る（2語文程度）。
		次時は、「旅館に泊まろう！」を学習することを知る。

写真3-3-5　絵・文字カード

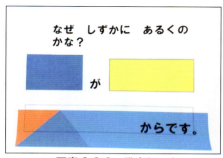

写真3-3-6　発表シート

（キ）育てたい力と授業内容との関連

・学び続ける力（知識・技能）：言葉掛けや絵・文字カード、写真を用いた教員の問い掛けに対して、言語だけでなく、絵・文字カードや身振りなどを交えて答える場面を設定することで、児童たちが見学場所や活動の名称、見学の際のルールやマナーなど宿泊学習に関連する語句を覚えることができるようにした。

・表現力・行動力（思考力・判断力・表現力）：人物・生き物の絵カードや発表シートを用いることで、児童たちが見学場所でのルールやマナーを守る理由について、絵・文字カードを操作しながら考えたり、考えた理由を発表したりできるようにした。また、児童たちができるだけ絵・文字カードの操作や思考・判断がしやすいように、絵・文字カードの一部に児童達が前学年から慣れ親しんでいるものを使用した。

話合い活動においては、教員が絵・文字カードや身振りを通して考えや言葉のやり取りを補助することで、児童たちが自身の考えを相手に伝えることができるようにした。

・心身の健康・協調性（学びに向かう力・人間性）：見学の際に必要なルールやマナーについて、人物や生き物の気持ちに関するカードを用いて考えられるようにしたことで、それらのルールやマナーが他の見学者や生き物の気持ちにどのような影響を与えるのか考えられるようにした。このような周りの人や生き物への思いやりの心は、本授業だけで獲得することは難しいが、本単元や日々の指導を通して徐々に身についていくことを目指した。

（ク）学習評価

児童の本授業における目標は、児童の実態に応じて、授業目標に関連する「育てたい力」である学び続ける力（知識・技能）と表現力・行動力（思考力・判断力・表現力）に基づき設定した。そして、それらの目標に対して評価規準・評価基準を作成して評価を行った。学び続ける力（知識・技能）については、前時までの学習内容を含めた内容をどれだけ理解できているか、表現力・行動力（思考力・判断力・表現力）については、教員から提示されたルールやマナーについて自分の行動と周囲の影響をどれだけ関連づけて考えて表現できているかということについて評価した。

第3章　研究2　研究協力校の実践に基づく知的障害教育分野でのアクティブ・ラーニングの検討

表 3-3-14　本授業における目標と評価基準（規準）

児童	本授業における目標	評価基準		
		十分満足できる	おおむね満足できる（評価規準）	評価規準に到達するために支援が必要
A児	水族館に関する簡単な語句が分かる。（学び続ける力［知識、技能］）	「水族館」「ペンギン」「さかな」などの絵・文字カードを見て関連する語句を三つ答えることができる。	絵・文字カードを見て関連する語句を一つ答えることができる。	絵・文字カードを見て関連する語句を答えることが難しい。
	「水槽や展示物を静かに見ている」「生き物を優しく扱う」の絵を見て、なぜなのかを考え、答えることができる。（表現力・行動力［思考力、判断力、表現力］）	適切な絵・文字カードを使って指さしや身振りを交えて考えを発表できる。	教員の言葉掛けを受けて、適切な絵・文字カードを使って指さしや身振りを交えて考えを発表できる。	発表としての活動が難しい。
B児	水族館や活動に関する簡単な語句を覚える。（学び続ける力［知識、技能］）	友達や教員との会話や発問のなかで水族館に関する語句を一つ以上答えることができる。	絵・文字カードを見て関連する語句を答えることができる	絵・文字カードを見て関連する語句を答えることが難しい。
	「水槽や展示物を静かに見ている」「生き物を優しく扱う」の絵を見て、なぜなのかを考えて、正しい答えを簡単な単語や話し言葉で表現することができる。（表現力・行動力［思考力、判断力、表現力］）	正しい行動の理由を1〜2語文の簡単な単語や話し言葉で伝える。	正しい行動の理由を「発表シート」を読み上げながら発表ができる。	発表としての活動が難しい。
C児	水族館や活動に関する簡単な語句を覚えて使うことができる。（学び続ける力［知識、技能］）	友達や教員との会話や発表のなかで水族館に関する語句を一つ以上使うことができる。	絵・文字カードを見て関連する語句を答えることができる	絵・文字カードを見て関連する語句を答えることが難しい。
	「水槽や展示物を静かに見ている」「生き物を優しく扱う」の絵を見て、なぜなのかを考えて、正しい答えを簡単な話し言葉で表現することができる。（表現力・行動力［思考力、判断力、表現力］）	正しい行動の理由を1〜2語文の簡単な話し言葉で伝える。	正しい行動の理由を「発表シート」を読み上げながら発表ができる。	発表としての活動が難しい。

第3節　結果

（ケ）授業者による実践の振り返り

　児童たちは、自発的な対話や明瞭な発語は少ないが、1〜2語文の発語や指さし、身振り、絵・文字カードなどによって、教員に自分の考えを表出することができた。しかし、未だ教員の支援なしに児童間のやり取りは難しく、今後学習を積み重ねることで、表出内容や表出対象のレパートリーの拡大を期待したい。

　見学場所で守ってほしいルールやマナーの理由について考えることは、児童たちにとって難易度の高い課題であった。しかし、人物・生き物の絵・文字カードや発表シートを使うことで、問われている内容を理解したり、自分の考えを表現したりする様子が見られた。発表シートの中で文を作るときに主語と述語が何なのか曖昧になってしまった部分もあったが、今後も発表シートを活用することで、更に「文を作る力＝考えをまとめ表す力」が育つことを期待したい。一方、児童たちは発表シートを使って発表することはできていたが、他児の発表を積極的に聞くことは難しいようだった。「話す」よりも「聞く」という役割を自覚しにくい児童たちにとって、「聞く」役割を意識付ける手立てが必要であった。例えば、聞く側であることを示すカードを持つ、聞いたあとに発表者に感想などを伝えるといった活動を取り入れることが考えられるだろう。

　授業で使用したプリントをクリアファイルに綴じ、これを児童たちが休み時間に自由に見られるようにしておいたことで、自発的に興味のあるページを見ている様子が観察された。また、学習に関連したプリントなどの掲示物についても同様の様子が観察された。これらが事前学習の積み重ねとともに学習全体の見通しや宿泊学習当日の内容の理解と期待感につながったと考える。児童たちが「宿泊」の意味を分かっているのか不安に思う保護者もいたが、事前学習を通じて「泊まる」「入浴する」「食事をする」など「宿泊」の意味を理解でき、落ち着いて参加することができていた。また、学習が進むにつれて「入浴」を楽しみにするようになった児童もおり、「先生、いっしょにおふろ入ろうね」「○○くん、いっしょにおふろに入ろうね」と自分から話し掛けてくるような様子も見られた。

　宿泊学習当日は3名とも全体的に落ち着いた態度で参加することができていた。各見学場所での活動内容とルールやマナーについては、授業で用いたしおりや絵・文字カードを確認してから活動するようにした。その結果、ペンギン水族館では、時折言葉掛けが必要ではあったが、児童たちが走り回ったり大声を出したりということはほとんどなく、水槽のペンギンや魚を眺め

たり、ペンギンのタッチ体験をしたりするなど、予定していた体験を楽しむことができた。事後学習では、当日の写真や動画の記録を観て内容を思い出すことで、美術館でシルクスクリーン体験をしたことや水族館でペンギンタッチ体験をしたことなど各自印象に残ったことを簡単な作文に表した。また、印象に残った場所やできごとについて話し合い、スライドにして他学級の友達や教員を相手に報告会を行う中で、友達や教員から感想を聞き、今回の学習をより深めることができたと考える。

（長崎県立鶴南特別支援学校）

ウ　長崎県立鶴南特別支援学校の実践に関する考察
（ア）アクティブ・ラーニングの視点と授業内容との関連
a　主体的な学び

児童たちにとって慣れ親しんでいる絵・文字カードやICT機器などの視覚教材を活用したことで、授業への興味・関心を向けることができた。また、授業で使ったプリント類をファイリングしたり、学習した内容を教室内に掲示したりしたことで、児童たちがそれらを自発的に見る機会も多く、単元を通じて見通しをもつことに有効であったと考える。

b　対話的な学び

児童たちは、実態から音声言語を中心とした自発的なやり取りが難しいと考えられたため、発語や身振りなどの小さな反応を教員が意見として代弁したり、絵・文字カードなどの対話の補助となる教材を活用したりすることで、自分の考えを形成し教員と共有したり、他児に発表したりすることができた。また、実寸大のペンギンの模型を準備することで、児童たちが実際に模型を触りながらペンギンへの関わりを考えられるようにした。その結果、ペンギンの大きさ等の実態を踏まえられたことで、児童たち自身の考えを広げ深められたと考える。

c　深い学び

本校では、各学年段階において校外での体験的活動を教育課程に位置付けて計画的に実施しており、その都度安全や集団行動、身近な自然、公共物などについての学習を積み重ねている。本児童たちも前学年では、近辺の消防署の見学や路線バス乗車体験を経て、それぞれの場でのルールやマナーを身に付けてきた。本単元では、それらの既習の内容と関連する水族館での振る舞いやペンギンとの関わり方を取り挙げ、これまで習得した知識・技能を広げることをねらった。このことが、体験学習当日のルールやマナーに応じた

行動をとったという児童たちの姿につながったと考えられる。

（イ）考察

　知的障害のある児童にとって、社会生活の中で必要なルールやマナーに関する知識や技能を受け身的に習得するだけでは、日々の生活で活用できないことがある。このような課題に対して、本授業では、小学部の児童3名に児童たちが見学の際に必要なルールやマナーについて、それらのルールやマナーを守る理由を考え、自身の考えを教員や他児に表現することを目指した。そのために本授業では、「『誰』が『○○な気持ちになる』からです」という発表シートに対し、各児童が『誰』と『○○な気持ちになる』という人物や生き物の絵カードをそれぞれ当てはめられるようにすることで、理由をできるだけ考えやすくなるように教材を工夫した。また、絵・文字カードについても人物や生き物の気持ちに焦点をあてることで、周りへの思いやりを踏まえた理由を考えることができるようにした。これらの目標に対して、児童一人一人の実態に応じて個別目標を作成すると共に、評価規準・評価基準を設定して評価を行った。体験学習当日には、児童は習得したルールやマナーを適切に遂行することができていたと報告された。

　本授業では、実践の振り返りより、児童間のやり取りの難しさや、他児の発表を聞くことの難しさが課題として挙げられた。アクティブ・ラーニングにおける対話的な学びとして、児童間の対話によって思考を深めていくことが求められている。しかし、本授業の対象となった児童の実態として、日ごろの様子から児童間での対話を行うことは難しいと考えられた。そのため、身振りや絵・文字カードを用いた児童と教員間との対話による考えの共有等から、自身の考えを深めることをねらった。今後は、実践の振り返りで述べられたように、日々の学習を積み重ねることで表出内容や表出対象のレパートリーの拡大を目指す必要がある。たとえば、2名の児童間で一枚の発表シートを用いて一つの回答を導き出すように教材を工夫し、教員が必要に応じて児童の考えや意見を分かりやすく身振りや絵・文字カードを用いながら代弁することで、必然的に児童間の主体的な対話を生み出すような支援が考えられるだろう。最後に、本授業では水族館の見学に必要なルールやマナーを題材として取り上げたが、これは教員が設定した題材であった。今後は、これらの問いを児童自ら見出し解決できるよう単元構成や授業内容を検討していくことが、児童のさらなる深い学びにつながると考えられる。

（半田健）

⑤　鹿児島大学教育学部附属特別支援学校

ア　学校概要

（ア）学校教育目標及び教育課程の特徴

学校教育目標は、「自分のもつ能力や可能性を最大限に伸ばし、共に生きる力を身に付け、家庭生活や社会生活を可能な限り自立的に営み、社会参加できる人間性豊かな児童生徒を育成する」ことである。平成28年度の児童生徒数は、小学部16人、中学部19人、高等部25人の合計60人である。

学校教育目標の実現に向けた授業を実践するために、各教科等を合わせた指導を軸とし、それらで行う学習について相互に補完・発展する位置付けとして、教科別及び領域別の指導を設定している。

本校の教育課程は、学校教育目標に基づき、全体計画や学部経営案、指導の形態ごとの年間指導計画及び単元（題材）一覧表を作成している。教育課程編成に当たっては、教育課程委員会で編成に関する基本方針を審議した上で、全ての教員が参画の下、年間を通じて計画的に進めるようにしている。特に近年は学校研究として、児童生徒が豊かに学ぶ授業を追究するために、授業における児童生徒の学びの姿に基づいた授業研究を日常的に実施し、授業改善を図ってきた。平成25年度からは、それまでの実践を更に発展させ、日々の授業改善のみならず、児童生徒の学びの姿を基に、年間指導計画等の教育課程の評価・改善を図ってきた。つまり、授業研究を通した教育課程の計画（P）－授業実施（D）－評価・改善（C・A）、この一連の過程を充実させるための具体的な手続を明らかにするために実践を積み重ねてきた。

（イ）学校が育てたい力

平成27年度に、本校の児童生徒に育てたい力を全職員で整理した。児童生徒に育てたい力を整理するに当たって、これまで本校ではどのような児童生徒の育成を目指してきたのか、現行の教育課程から整理する過去及び現在志向の考え方と、教員が「これから育てたい」と思い描く児童生徒像や、今後社会から求められると思われる児童生徒に育てたい力を基に整理する未来志向の考え方、この二つの考え方を踏まえることが大切であると考えた。以上を踏まえて、図3-3-6に示す手続に沿って児童生徒に育てたい力を整理した。

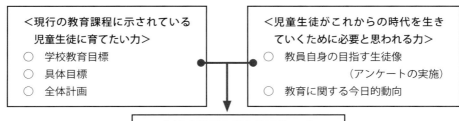

図3-3-6　児童生徒に育てたい力を整理する手続

　以上の手続を経て、本校の児童生徒に育てたい力を整理した。さらに、整理した児童生徒に育てたい力と、「教育課程企画特別部会における論点整理（報告）」で示された育成すべき資質・能力の三つの柱との関連を整理した。それに基づき本校では、「主体性」、「思考・判断・表現」、「人間関係」を汎用的能力と捉えることにした。

　（ウ）児童生徒に育てたい力を授業づくりに生かす取組
　児童生徒に育てたい力を意識した授業づくりを行うために、各単元（題材）のまとまりごとに作成する単元（題材）指導計画を「授業計画シート」として、その中に、児童生徒に育てたい力（「基礎・基本」、「主体性」、「思考・判断・表現」、「人間関係」）を項目等にして、明確に位置付けた。

　（エ）学習評価とその活用の取組及び授業づくりの視点
　日々の授業における児童生徒の学びの姿を評価し、授業改善や単元（題材）の評価につなげることが大切であると考え、日々の授業における児童生徒の学びの姿を分析的に捉える授業研究を、日常的に実施した。具体的には、（a）授業計画シートを作成した教員による授業研究、（b）授業を行う教員同士による授業研究（以下、授業ミーティングとする）、（c）学部の教員を中心とした授業研究会、これら三つの授業研究を適宜組み合わせて行った。また、（a）及び（b）の授業研究の際は、「児童生徒の学びの姿の評価→学びの姿の分析→改善案等の検討」という順で、児童生徒の学びの姿を評価及び分析することができるように、「日々の授業記録」という学校共通の書式を用いた。

イ　アクティブ・ラーニングの視点に基づく授業実践例（国語）
　（ア）教科名及び題材名
　国語　題材「作文・日記を書こう」
　（イ）学習グループの実態等
　本実践は、本校高等部の国語科の教科別の指導（以下、国語科の授業とす

る）の実践である。本校高等部の国語科の授業は、生徒の習熟度等によって
A〜Dの4つのグループで編成している。ここでは、国語Dグループの実
践を述べる。

　Dグループは、高等部1年生から3年生までの男女計8人で構成されてい
る。そのうち、自閉症スペクトラムが診断された生徒が7人、染色体異常が
ある生徒が1人である。国語科の授業における実態は、特別支援学校学習指
導要領の国語科の各観点（聞く・話す、読む、書く）について、中学部段階
から高等部2段階までの内容を扱うことが多い。

（ウ）本題材と年間指導計画との関連

　本題材「作文・日記を書こう」について、本校の年間指導計画では、写真
や動画を見て、「いつ」、「どこで」、「誰が」、「どうする」のような構成で文
を作ることや、接続詞を使って文をつなぎ文章にすること、自分の感情等を
表す言葉を考えたり、作文や日記を書く際に生かしたりすることなどが主な
学習内容及び学習活動として示してあった。

（エ）実際の題材計画

　年間指導計画と個別の教育支援計画及び個別の指導計画を基に、「文や文
章の構成を整えて作文等を書くこと」、「擬音語や擬態語、比喩などを用いて
表現方法を工夫すること」を中心的な課題として、学習内容や学習活動を設
定した（表3-3-15）。一次では、様々な単語を組み合わせて文を作る活動を
通して、主語・修飾語・述語が整った文の構成について学習することができ
るようにした。二次では、見聞きした絵や音などを言葉で表したり、様々な
人やものを別のものに例えて表現したりする活動を通して、擬態語や擬音語、
比喩などを使った表現について学習することができるようにした。三次では、
一次や二次で学習したことを生かして、生徒たちが身近な出来事について簡
単な作文を書く活動や、書いた作文を相互に発表・評価し合う活動を通して、
内容が伝わりやすい文や文章の構成について学習することができるようにし
た。

第3節　結果

表3-3-15　題材「作文・日記を書こう」の指導計画

次	時数	主な学習内容・学習活動
一	1	1　主語・修飾語・述語が整った文の書き方を知る。 （1）　特定の平仮名で始まる単語を想起する。 （2）　（1）で書いた単語を組み合わせ、主語と述語、修飾語を整えて文を作る。 （3）　友達同士で発表し、単語や文のおもしろさを共有する。出来栄えについてお互いに評価し合う。
二	3	2　擬態語や擬音語を使った表現方法について知る。 （1）　擬態語・擬音語の表現方法を用いた文とそうではない文を比べ、違いに気付く。 （2）　擬態語・擬音語を考える。 （3）　考えた擬態語・擬音語を用いて文を作る。 3　比喩を使った表現方法について知る。 （1）　比喩の表現方法を用いた文とそうではない文を比べ、違いに気付く。 （2）　比喩を使った表現を考える。 （3）　比喩を用いて文を作る。
三	2	4　文章の構成を意識して作文を書く。 （1）　「はじめ－なか－おわり」の文章構成を知る。 （2）　テーマに基づいて、「はじめ－なか－おわり」の書き方の具体例を確認しながら、ワークシートを記入し、おおまかな構成を考える。 （3）　書いたものを推敲し、原稿用紙に清書する。 5　作文を読み合い、互いに作文を評価したり、感想を発表し合ったりする。

（オ）題材目標

・読み手に伝わるように、文章の構成を考えながら作文や日記を書くことができる。

・擬音語や擬態語、比喩などを用いて、表現方法を工夫しながら作文や日記を書くことができる。

（カ）本時の授業目標

「作文を書くためのポイント※」を確認しながら、内容が伝わりやすい作文を書いたり、書いた作文を互いに評価したりすることができる。

（※「作文をかくためのポイント」とは、内容が伝わりやすい文や文章の書き方について、これまでに学習してきたことを要点として整理したもの）

（キ）授業展開

（導入）　1　始めの挨拶をする。

　　　　　2　前時までの学習を振り返る。

　　　　　3　本時の学習について知る。

（展開）　4　作文を書くときの手順やポイントを確認する。

　　　　　5　作文を書く。

　　　　　6　自分や友達の書いた作文に得点を付けたり、感想を発表した

117

りする。

（終末）　7　本時及び本題材で学んだことを発表する。

　　　　　8　終わりの挨拶をする。

　　　　　※　当初は、1単位時間（50分）で実施する予定だったが、「5　作文を書く」活動で時間を要したため、「作文を書く」活動と「作文に得点を付けたり、感想を発表したりする」活動を分けて実施した。

（ク）児童生徒に育てたい力と授業内容の関連

a　「基礎・基本」

・「作文構想メモ」を用いて、作文に書きたいことをまとめることで「①書きたいことを決める」、「②内容を詳しく書く」という手順に沿って作文の構想を考えることができるようにする。

・作文の内容だけでなく、体裁を整えることも分かりやすい作文を書くために大切であることに気付くことができるようにし、「段落の書き始めは一マス空ける」「句読点や長音記号は行頭に書くことができない」など、原稿用紙の適切な使い方を習得することができるようにする。

・国語辞典を使って分からない漢字を調べながら作文を書くことで、漢字の習得を図ることができるようにする。

・完成した作文を評価する活動では、採点表の項目を手掛かりにしながら、採点結果の理由を自分なりに説明することで、分かりやすい作文を書くための手順や要点を知識として習得することができるようにする。

b　「主体性」

・生徒が作文に書きたいテーマを自分で考え、決定することで、意欲的に作文を書くことができるようにする。

・完成した作文を互いに評価したり、感想を発表したりする活動を設定することで、友達が書いた作文に興味をもって読むことができるようにする。

・作業学習ファイルの記入や日記など、学校や家庭で自分の取組等を文章でまとめ、書く機会が多いことに気付くことができるようにすることで、本題材で学習したことを今後の生活で生かそうとする態度や意欲を高めることができるようにする。

c　「思考・判断・表現」

・「作文構想メモ」を用いて、作文に書きたいことをまとめたり、「作文を書くためのポイント」を示したりすることで、相手に分かりやすい作文

を書くための構成や表現の工夫について考えながら作文を書くことができるようにする。

・採点表の各項目の内容と「作文を書くためのポイント」の内容をそろえることで、完成した作文を採点する活動を通して、分かりやすい作文を書くために大切なことを考えることができるようにする。

・作文を評価する活動では、採点結果の理由を説明する場面を設定することで、友達や教員に分かりやすく説明するために助詞等の使い方を意識して発表することができるようにする。

d 「人間関係」

・作文の評価を行う活動では、採点する作文をペアに一枚配布し、友達と一緒に採点表の項目と照らし合わせながら、協力して採点することができるようにする。

・作文の評価をペアで行う活動が難しい場合は、「採点表の項目別に採点の役割を分担し、後から二人で確認する」「採点表の項目に沿って、当てはまるところを二人で確認しながら採点する」など、協働して採点するための具体的な方法を示すようにする。

・作文の評価をペアで行ったり、各ペアが採点した作文を全員で確認し合ったりする活動を通して、自分と友達の考えの同じところや違うところに気付くことができるようにし、友達と意見を交わしたり、協働して活動したりすることで互いの考えを深めることができることに気付くことができるようにする。

（ケ）学習目標に対する生徒の学びの姿について

・作文の内容をまとめる際に、「はじめ・なか・おわり」の構成になるように付箋紙等を使って、書きたい内容を整理する姿が見られた。

・ホワイトボードに掲示した「作文を書くためのポイント」を確認して、これまで学習してきたことを生かしながら作文を書く姿が見られた。

・互いの作文を評価し合う活動では、ペアの友達と「作文を書くためのポイント」がどのように生かしてあるか確認する姿が見られた。

・各ペアの採点（評価）の結果を比較する活動では、「作文を書くためのポイント」を根拠にして自分たちの考えを発表したり、他のペアの発表から自分たちが気付かなかった部分に気付いたりする姿が見られた。

（コ）授業評価（学習活動や手立ての有効性について）

・文や文章の構成、擬音語・擬態語・比喩などを使った表現方法など、これまで学習してきたことを「作文を書くためのポイント」として整理し、

ホワイトボードに掲示したことが、生徒たちがこれまで学習してきたことを確認しながら作文を書いたり、互いの作文を評価したりする姿につながったと考える。

・生徒たちが書いた作文をペアで評価する活動を設定するとともに、評価項目別に色を指定するなど、生徒同士で評価する内容を共有するための手立てを講じたことが、友達と課題を共有し、見通しをもって学習活動に取り組んだり、教材を媒介にして互いに意見を交わしながら学びを深めたりする姿につながったと考える。

（サ）授業者による本実践の振り返り

　本実践では、前時までに学習してきた文や文章の書き方を確認しながら、身近な出来事を簡単な作文にまとめたり、書いた作文を互いに評価したりすることを目指した。「身近な出来事を読み手に分かりやすい文章にまとめる。」という課題を明確にするとともに、既習内容を「作文を書くためのポイント」としてまとめ、それらを生かすことが課題解決につながることを示したことで、学習したことを生かして主体的に作文を書こうとする生徒たちの姿につながったと考える。また、書いた作文を互いに評価する活動を設定し、友達が書いた作文を通して既習内容を再確認したり、生徒同士が教材・教具を媒介にして対話的な活動を行ったりしたことが、生徒たちの学びを深めることにつながったと考える。

ウ　アクティブ・ラーニングの視点に基づく授業実践例（数学）

（ア）教科名及び題材名

　数学科　題材「いろいろな計算（分数や小数の計算）」

（イ）学習グループの実態等

　本実践は、本校高等部の数学科の教科別の指導（以下、数学科の授業とする）の実践である。本校高等部の数学科の授業は、生徒の習熟度等によってＡ～Ｄの４つのグループで編成している。ここでは、数学Ｄグループの実践を述べる。

　Ｄグループは、高等部１年生から３年生までの男女計９人で構成されている。そのうち、自閉スペクトラム症が診断された生徒が８人、染色体異常がある生徒が１人である。数学科の授業における実態は、特別支援学校学習指導要領の数学科の各観点（数と計算、量と測定、図形・数量関係、実務）について、中学部段階から高等部２段階までの内容を扱うことが多い。

（ウ）本題材と年間指導計画との関連

本題材「いろいろな計算（分数や小数の計算）」について、本校の年間指導計画では、割増し、割引き、消費税などを計算して導き出す活動を通して、分数や小数を使った計算を扱うように示してあった。しかし、本題材に至るまでの授業研究から明らかになった生徒の実態を考慮すると、割合について学習する以前に、分数や小数の意味や表し方について学習する必要性があると判断した。そこで、様々なものの量などを分数や小数で表す活動を中心にして、分数や小数の意味や表し方について理解を深めた上で、それらを使った計算について扱うことにした。

（エ）本年度の題材構成

計算して予想を立てる活動を通して、小数の計算方法を習得できるようにした。なお、本題材では、小数の計算のみを扱うことにした。

「本題材と年間指導計画との関連」で述べたように、本年度は、分数や小数の意味や表し方について理解を深めることを中心的な課題として、学習内容や学習活動を設定した（表3-3-16）。一次では、分数の意味や表し方について、身近なものを等分し、等分したものを数字で表す活動を通して、分数の意味や表し方について知ることができるようにした。二次では、一次で学習した分数の考え方を基に、「1」を10等分したうちの一つが「0.1」になることを、数直線を用いて学習するようにした。そして、前題材「測定しよう」で学習した長さや容積を測定することを発展させ、「m」や「L」など、使用する単位記号を限定しても、小数を用いることで長さや容積を詳しく表せることを学習するようにした。三次では、二次で学習した小数を用いた長さや容積の表し方を基に、長さの異なる紙テープや容積が異なる液体を合わせたり、分けたりするようにした。

第3章　研究2　研究協力校の実践に基づく知的障害教育分野でのアクティブ・ラーニングの検討

表3-3-16　題材「いろいろな計算（小数と分数の計算）」の指導計画

次	時数	主な学習内容・学習活動
一	3	1　分数の意味や表し方について知る。 （1）食べ物や飲み物など、身近なものを人数に応じて等分したり、分けたものを数字で表したりする。 （2）数直線を等分し、分数で表す。
二	5	2　小数の意味や表し方について知る。 （1）数直線を用いて「1」を10等分したうちの、目盛り一つ分の表し方を考える （2）1L升を使って、水の容積を調べる。 　ア　Lについて知る。 　イ　L升を使って、1Lに満たない容積の表し方を考える。 　ウ　小数の読み方、表し方を知る。 （3）様々なものの長さをm単位で表す。 　ア　物差しでテープの長さを測り、mとcmを使って表す。 　イ　小数の位取り表を使って、m単位で表す。 　ウ　小数で表した場合と自然数で表した場合の違いを考える。 （4）身の回りで小数を使った場面について考える。 　ア　m単位で表された箱の寸法図を読み取り、中に収まる物を考える。 　イ　部屋の平面図を読み取り、家具の配置を考える。
三	3	3　小数の足し算や引き算をする。 （1）小数の足し算 　ア　1L升やテープなどの具体物を操作の結果と、小数の足し算の結果を比較する。 　イ　筆算で小数の足し算をする。 （2）小数の引き算 　ア　1L升やテープなどの具体物を操作の結果と、小数の引き算をする。 　イ　筆算で小数の引き算をする。

（オ）題材目標

・具体物や半具体物を等分し、それを数字で表す活動を通して、分数の意味や表し方を知ることができる。

・身近なものの長さや容積を測定し、様々な単位を使って表す活動を通して、小数を使った表し方を知ったり、計算したりすることができる。

（カ）本時の授業目標

　立ち幅跳びの結果を表した紙テープの長さを、物差しや巻き尺で測定し、「m（メートル）」だけを使って結果をまとめることができる。

（キ）授業展開

（導入）　1　はじめの挨拶をする。

　　　　　2　前時までの学習を振り返る。

　　　　　　　（前時：小数を使い、容積を「L」だけで表す学習）

　　　　　3　本時の学習について知る。

（展開）　4　立ち幅跳びの結果を記録した紙テープを見て、結果を予想する（例、およそ「○m」）。

　　　　　5　ペアの友達と紙テープの長さを測定し、小数を使って「m」単位で表す。

　　　　　6　各ペアの測定結果を発表し、立ち幅跳びの結果をまとめる。

（終末）　7　本時の学習を振り返る。

　　　　　8　次時の学習について知る。

　　　　　9　終わりの挨拶をする。

（ク）児童生徒に育てたい力と授業内容の関連

a　「基礎・基本」

・導入で、前時の容積を量る学習を振り返り、小数を用いることで１L未満の量を「L」単位で表せることを確認できるようにする。

・測定に用いる物差しや巻き尺の目盛りに注目して、１単位（１mや1cm）を10等分するように目盛りが記してあることを確認するとともに、「10 cm = 0.1 m」、「１cm = 0.01 m」のように、小数を用いることで「m」単位で長さを詳しく表せることを理解できるようにする。

b　「主体性」

・生徒たちが立ち幅跳びを行い、その結果を測定することで、生徒たちの「結果を正確に調べたい。」という気持ちを高めることができるようにする。

・前題材「測定しよう」の取組を基に、紙テープの長さを測定する学習活動を設定することで、測定方法等について見通しをもって活動することができるようにする。

c　「思考・判断・表現」

・目盛りの間隔が異なる（10cm間隔、１cm間隔など）物差し等を準備し、小数点以下の示し方に応じて、必要な物差しを生徒たちが考えながら選択することができるようにする。

・生徒たちが選択した測定用具について、教員が「なぜ、（目盛りが○cm間隔の物差し等）を選んだのですか。」等の質問をすることで、生徒たちが自らの考えを自らの言葉で表現する機会を設けるようにする。

・「位取り表」という教具を用いて、生徒たちが測定結果を基に、「10cmは0.1m」、「１cmは0.01 m」のように、小数を用いた単位変換（cmを m に）について考えることができるようにする。

・各ペアの測定結果を発表する機会を設け、自分たちの考えを説明したり、他のペアと取組方を確認したりすることで、適切な目盛りの読み取り方

や小数の表し方について考えることができるようにする。

d 「人間関係」

・測定の対象となる紙テープや使用する物差し等、「位取り表」などを、ペアの友達と一緒に使用することで、測定方法や小数の表し方などについてペアの友達と意見を交わしたり、課題解決のために協力して測定や単位変換などをしたりすることができるようにする。

・ペアで紙テープの長さを測定したり、各ペアの測定結果を全員で確認し合ったりする活動を通して、自分と友達の考えについて同じところや違うところに気付くことができるようにし、友達と意見を交わしたり、協働して活動したりすることで互いの考えを深めることができることに気付くことができるようにする。

e 学習目標に対する生徒の学びの姿について

・紙テープの長さを「m」単位で表す際に、小数点第何位まで示すかによって、読み取らなければならない目盛りを考え、必要な物差し等を選択する姿が見られた。

・「位取り表」を用いて「m」と「cm」が混在する測定結果について、小数点を用いた「m」単位の表し方に変換する姿が見られた。

・同じくらいの長さの紙テープの長さを比較した際、小数点第一位で比較が難しい場合は、小数点第二位まで表すと正確に比較することができることに気付くことができた。

10）授業評価（学習活動や手立ての有効性について）

・前題材「測定しよう」で取り組んだ長さを測定する活動と関連付けて、使用する単位を「m」に限定して表す活動を設定したことが、生徒たちが測定する活動に見通しをもって学習する姿や、小数の意味や表し方について考える姿につながったと考える。

・目盛りの幅が異なる物差し等や、位取り表を教具として用いたことが、紙テープの長さを小数で表すための方法について、具体的な操作等を通して生徒たちが考える機会になったと考える。

（ケ）授業による本実践の振り返り

本実践では、前題材で学習した長さを測定する方法や、前時までに学習してきた小数を用いた表し方を生かして、「『m』単位で正確な長さを表したり、比較したりする。」という課題を解決することを目指した。学習活動を設定するに当たって、生徒自身が使用する教具等を選択したり、ペアの友達と意見を交わしたりする機会を設けることで、「既習内容を生かして紙テープの

長さを計測する。」、「計測した結果を指定された単位（今回は「m」）を使って表す。」、「計測結果を数値で比較する。」など、「事象を数量や図形及びそれらの関係などに着目して捉え、論理的、統合的・発展的に考えること」という「数学的な見方・考え方」を発揮して学習する姿を見ることができたと考える。

（鹿児島大学教育学部附属特別支援学校）

エ　鹿児島大学教育学部附属特別支援学校の実践に関する考察
（ア）アクティブ・ラーニングの視点と授業内容との関連（国語）
a　主体的な学び

本授業では、生徒自身で作文のテーマを設定するようにし、作文を書く意欲を高めるようにした。また、完成した作文を生徒が互いに評価したり、感想を発表したりする活動を設定することで、友達が書いた作文に興味をもって読むことができるようにした。さらに、生徒が学校や家庭において、自分の取組等を文章でまとめ、書く機会が多いことに気付くよう促すことで、本題材で学習したことを今後の生活で生かそうとする態度や意欲が高まるようにした。

b　対話的な学び

本授業では、生徒同士でペアとなり、お互いが書いた作文を評価する活動を設定した。その際、作文の評価をペアで行うことが難しい場合は、「採点表の項目別に採点の役割を分担し、後から二人で確認する」、「採点表の項目に沿って、当てはまるところを二人で確認しながら採点する」など、ペアで採点するための具体的な方法を示した。このような活動を通して、生徒が自分と友達の考えの同じところや違うところに気付くことができるようにし、友達と意見を交わしたり、協働して活動したりすることで互いの考えを深めることができることに気付くことができるようにした。

c　深い学び

国語科では、「言葉による見方・考え方」が「自分の思いや考えを深めるため、対象と言葉、言葉と言葉の関係を、言葉の意味、働き、使い方等に着目して捉え、その関係性を問い直して意味付けること」と示されている。本授業では、「作文構想メモ」を用いて作文の書き方の学習を進めることに加えて、ペア学習などにより生徒同士で自分たちが描いた作文を評価し合う活動により、自分と友達の考えの同じところや違うところに気付くことを促し、作文により自分の思いや考えを表現すること、作文から他の生徒の思いや考

えを読み取ることを深めたと捉えられる。

（イ）アクティブ・ラーニングの視点と授業内容との関連（数学）

a 主体的な学び

本授業では、生徒たちが本題材以前に学んでおり、生徒の関心も高い、立ち幅跳びを行いその結果を測定することを通して、生徒たちが小数を用いて、結果を正確に調べることをねらった。また、前題材を基に、紙テープの長さを測定する学習活動を設定することで、測定方法等について見通しをもって、主体的に活動することがねらわれた。

b 対話的な学び

本授業では、生徒同士のペア学習を行い、ペアの友達と課題に関して意見を交わしたり、課題解決のために協力して測定や単位変換などをしたりすることがねらわれた。そのような活動を通して、自分と友達の考えについて同じところや違うところに気付くことができるようにされた。また、友達と意見を交わしたり、協働して活動したりすることで、互いの考えを深めるようにされた。

c 深い学び

数学的な見方・考え方とは、「事象を数量や図形及びそれらの関係などに着目して捉え、論理的、統合的・発展的に考えること」として再整理することが適当、とされている。本授業はm（メートル）のみを用いて長さを測定する中で、小数を使用することでより正確に測れることに気付くことがねらわれた。年間指導計画では、割増し、割引き、消費税などを計算して、小数について学ぶこととされていた。しかしながら、日々の授業研究を通して、児童生徒が小数についてより深く学べるよう、児童生徒の興味関心が高かった立幅跳びを題材とすること、他の授業においても活用していたペア学習を行い、他の生徒との対話を通して、少数を活用した課題解決に取組むことで、小数についてより深く学ぶことがねらわれた。

（ウ）考察

国語科の授業では、作文の書き方を示した「作文を書くためのポイント」を使用して、作文の書き方に関して学習がなされた。さらに、生徒が書いた作文を、ペア学習により相互評価することで、自らの作文の表現方法や内容についての評価を得たり、他の生徒がどのような考えや感想を持っていたのかの理解を深めたりすることができた。また、数学科の授業では、生徒が興味関心を示していた立ち幅跳びを題材に、これまでの授業においても活用していたペア学習を通して、小数を実際に使いながら学ぶことが目指された。

国語科や数学科でこのような授業に至ったのは、年間を通して授業研究を繰り返し、生徒の実態や、有効な指導の手立てについての理解を深めたためであると捉えられる。授業研究からの生徒理解を通して、年間指導計画の題材を変更して、生徒の興味関心が高く、生徒が主体的に学ぶことを促しやすい題材を選ぶことができた。

　そして授業研究が、その後の授業や単元の改善に活用できたのは、児童生徒に育てたい力を明確にして、その育てたい力に基づき学習評価を行っていたためであると考えられる。学習評価を活用し、授業研究においてPDCAサイクルにより、授業や単元の評価、改善につながったと推察される。

　今後は、生徒が国語や数学で学んだ内容を深めて、それを生活の諸課題の解決のために活用できるようになったかどうかの評価や指導に展開していくことが必要と考えられる。そのためには、本授業の対象生徒の興味関心について更なる実態把握や、国語で学んだ作文技術や数学の小数が、生徒の現在の生活や、今後の生活のどのような場面で活用されるのかの更なる検討を進めることが重要となる。

（神山努）

第3章　研究2　研究協力校の実践に基づく知的障害教育分野でのアクティブ・ラーニングの検討

第4節　考　察

①　研究協力機関における事例のまとめと学習評価

　前述のとおり、「審議のまとめ」においてアクティブ・ラーニングの視点は、「主体的・対話的で深い学び」が実現するための授業改善の視点とされている。各学校においてこのような授業改善を進めるには、児童生徒が学校における教育活動から実際に、どういった力が身についたかという学習の成果を的確に捉えるための、学習評価を充実させることが不可欠と言える。

　教員は学習評価を踏まえて授業の改善を図り、更に児童生徒は学習評価を基に自らの学びを振り返って次の学びに向かうことができるようにすることとなる。こうした学習評価を的確に行うためには、学校が児童生徒に育てたい力を踏まえて、各教育活動でどのような目標や内容を設定するのかといった、児童生徒が各教育活動において「何を学ぶか」を明確にすることが必要となる。以上のことから、各学校においてアクティブ・ラーニングの視点から「主体的・対話的で深い学び」が実現するための授業改善を進めるには、学校における教育活動において児童生徒が「何を学ぶか」と、児童生徒が実際にどういった力が身についたかの「学習評価」を併せて進めることが重要であることが指摘できる。

　研究協力機関における、アクティブ・ラーニングの視点からの授業改善に関する事例について、「何を学ぶか」と、学習評価との関連について考察すると、千葉県立特別支援学校流山高等学園の事例では、高等部の社会科において、社会における課題やルールに対する、生徒の興味関心の実態に基づき、生徒達が話合い等を通して自らで学校内の課題を見つけ、改善を陳述書にまとめるといった、単元の目標や内容を構成した。そして、目標を基に、生徒による自己評価を中心に学習評価を行ったところ、授業における話合い活動に関する今後の改善点を導き出すことができた。この事例は生徒による自己評価を基に授業改善を検討した一例と言える。

　広島県立庄原特別支援学校の事例では、高等部の作業学習において、生徒の実態とともに、当校がこれまでに取り組んできた児童生徒に育てたい力や学習評価の検討を踏まえ、生徒同士の話合いやアンケートを踏まえて食品製

造について考えて行うといった、単元の目標や内容を構成した。そして、学習評価の結果から、生徒同士で話し合い、話し合いをもとに課題について考えることを、より深めるための手立てを検討する必要性が推察された。この事例は学校がこれまでに取り組んできた教育課程改善の取組を授業改善に活用できた一例と言える。

　長崎県立鶴南特別支援学校の事例では、小学部における生活単元学習において、学校における「めざす児童生徒像」と児童の実態を踏まえ、体験学習先でのルールやマナーについて学ぶ授業を設定した。学習評価の結果から、児童間のやり取りを促進する手立てを検討する必要が挙げられた。この事例は学習評価の振り返りから、授業の手立てを再検討する必要性が導き出された一例と言える。

　愛媛大学教育学部附属特別支援学校の事例では、小学部の生活単元学習において、当校がこれまでに検討してきた、児童生徒に育てたい力やキャリア教育の視点に立った授業実践と児童の実態を踏まえ、レストラン活動を中心に、単元の目標や内容を構成した。言語コミュニケーションに課題がある児童に対して、視覚的な手掛かりや、他の児童の動きを基に、自らの役割を判断して行動することをねらった。この事例は当校がこれまでに取り組んできたキャリア発達の支援から、「何を学ぶか」、「どのように学ぶか」、学習評価を一体的に捉えた実践が展開できた一例と言える。

　鹿児島大学教育学部附属特別支援学校の事例では、高等部における国語や数学において、当校がこれまでに取り組んできた授業づくりや授業改善を踏まえて、ペア学習を取り入れる等により、生徒が効果的に学ぶことをねらった。さらに、学習評価から授業内容の改善点や更なる展開について考察することができた。この事例は当校がこれまでに取り組んできた授業改善のサイクルから、今後の授業改善点を指摘できた一例と言える。

　以上のように、研究協力機関の実践では、学校で児童生徒に育てたい力を明確にし、その育てたい力から導き出された児童生徒に学ばせたいことを実現するために、アクティブ・ラーニングの視点を踏まえた授業改善が行われていた。その際には、児童生徒に育てたい力について、興味関心や知識等の一領域に留まらず、愛媛大学教育学部附属特別支援学校のように、他児の動きを見て自らの役割を判断すること等を含めた、複数の観点から育てたい力が検討されていたことが重要と言える。

　そして、授業を行い、児童生徒が実際に何を学んだのかを学習評価した結果を踏まえることで、いずれの事例においても、更なる授業改善点が示され

第3章　研究2　研究協力校の実践に基づく知的障害教育分野でのアクティブ・ラーニングの検討

た。これらのことから、知的障害教育においても児童生徒が「何を学ぶか」を具体化し、それを実現するためにこれまでの知的障害教育で行われてきた、生活に結び付いた実際的で具体的な学習活動等を行い、その結果に関する学習評価から更なる授業改善点を検討することで、アクティブ・ラーニングの視点を取り入れた授業改善を行えることが示唆された。

　知的障害教育においては、各学校で特別支援学校学習指導要領に示されている特別支援学校（知的障害）の各教科の内容をもとに、児童生徒の知的障害の状態や経験等に応じて具体的な指導内容を設定する必要がある。そのため、設定した指導内容に応じて、評価規準等の学習評価を計画する必要がある。今後は、新しい時代に求められる資質・能力を踏まえ、知的障害のある児童生徒が「何を学ぶか」と、その学習評価を一体的に検討した中で、アクティブ・ラーニングの視点を取り入れた授業改善の事例を更に積み上げる必要がある。

②　主体的・対話的で深い学びを目指した授業の構築について

　研究協力機関の実践では、主体的・対話的で深い学びを目指した授業の構築を目指し、授業の目標をどのようにして設定したのか、授業改善の視点をどのように持ったのか、集団で行った活動の結果だけではなく、その経過の中で児童生徒がどのように考えたのか、学習評価をどのように行ったのかの報告をいただいた。ここでは、愛媛大学教育学部附属特別支援学校と鹿児島大学教育学部附属特別支援学校の実践を元に、主体的・対話的で深い学びと知的障害教育における教育課程編成について考察したい。

　「主体的・対話的で深い学び」いわゆるアクティブ・ラーニングは授業改善の視点として位置付けられている。この学びの中では、知識や技能を習得するだけでなく、社会において自立的に生きるために必要とされている力である「生きる力」をつけることを目指した学習活動を日々の授業の中で取り扱うことを意識することを再度提起したものと考えることができるだろう。

　今回の次期学習指導要領に向けた議論の中では、資質・能力の三つの柱となる、生きて働く「知識・技能」、未知の状況にも対応できる「思考力・判断力・表現力等」を育むために、この「主体的・対話的で深い学び」の在り方を導入し、学んだことと自分の人生や社会の在り方を主体的に結びつけたり、多様な人との対話で考えを広げたり、各教科等で身に付けた様々な見方・考え方を通して世の中を捉え、深く考えたりすることが重要であるとされた。

　これまでも、知的障害教育において、主体的に物事に関わることを促した

り、グループ学習の中で対話的な学習活動を行ったりする取組がなされてきている。また、学習内容について、その集団の中での物事や概念の発見や新しい事象への気付きなど、題材について理解を深める実践が行われてきている。しかしながら、こうした学習では、子供の実態に応じた活動を中心にしてきたため、どのように学習内容と教科の関連付けを行うかが課題となる。現在の議論は、これまでの取組に、身についた知識や技能を自らどう役立てるのかを協働的な学びの中で考えられるようにする視点を付け加えることが求められているのだと考えると、児童生徒の実態に応じた学習内容とそれを目的にした適切な活動を計画し、学習過程をモニタリングしながら学習評価を行うということが必要である。したがって、実践の枠組みを一から作り直すのではなく、これまでの枠組みに「主体的・対話的で深い学び」を目指した授業改善の視点を付け加えて構成することが重要となる。

　知的障害のある児童生徒は、その障害の特性上、障害のない児童生徒と同等の学力を身につけたり、コミュニケーションを行ったりすることは困難である。そのため、主体的・対話的な学びを通して深い学びを行うためには、主体的・対話的な活動を児童生徒毎に捉え、主体的・対話的な学びを通して深い学びに至る学習過程を得られるように、実態に応じた支援を行う必要がある。

　主体的・対話的で深い学びにおいては、各教科等における「見方・考え方」が学びの深まりの鍵となるものとして扱われている。例えば、幼稚園、小学校、中学校、高等学校及び特別支援学校の学習指導要領等の改善及び必要な方策等について（答申）では、国語科の「見方・考え方」について、以下のように示されている。

　○　国語科は、様々な事物、経験、思い、考え等をどのように言葉で理解し、どのように言葉で表現するか、という言葉を通じた理解や表現及びそこで用いられる言葉そのものを学習対象とするという特質を有している。それは、様々な事象の内容を自然科学や社会科学等の視点から理解することを直接の学習目的とするものではないことを意味している。

　○　事物、経験、思い、考え等を言葉で理解したり表現したりする際には、対象と言葉、言葉と言葉の関係を、創造的・論理的思考、感性・情緒、他者とのコミュニケーションの側面から、言葉の意味、働き、使い方等に着目して捉え、その関係性を問い直して意味付けるといったことが行われており、そのことを通して、自分の思いや考えを形成し深めることが、国語科におけ

る重要な学びであると考えられる。

○　このため、自分の思いや考えを深めるため、対象と言葉、言葉と言葉の関係を、言葉の意味、働き、使い方等に着目して捉え、その関係性を問い直して意味付けることを、「言葉による見方・考え方」として整理することができる。

　高木（2016）は、こうした「見方・考え方」に対して「『話すこと・聞くこと』、『書くこと』、『読むこと』の３領域における学習活動の中で、『認識から思考へ』という過程の中で働く理解するための力や、『思考から表現へ』という過程の中で働く表現するための力が、各領域の中で、主にどこまで重点的に働いているのかを踏まえた上で、資質・能力をどのように育成するのかが、今回の学習指導要領改訂では、問われている」と述べている。

　インクルーシブ教育システムの中での、教育課程の連続性を考えると、知的障害教育における教科の「見方・考え方」も同様のものであると捉える必要がある。したがって、国語科においては、知的障害の特性に配慮した支援や教材の工夫を行いながら、言語活動を通して、どのような資質・能力を育成するのかが重要である。

　鹿児島大学教育学部附属特別支援学校では、高等部の国語科の授業実践で、「作文・日記を書こう」を題材に、読み手に伝わるような文章構成を考えたり、擬音語や比喩などを用いて表現方法を工夫したりしながら、作文や日記を書くことを目標に学習に取り組んだ。同内容の単元は、障害のない児童生徒の学習でも行われていることだが、この実践では、作文や日記を書くに当たり、「作文構想メモ」教材を用いて子供たち自身で自分の書きたいことを決めたり内容を詳しくまとめたりするといった、作文の構想ができるような支援を行いながら、作文の内容だけでなく、原稿用紙の適切な使い方の習得、国語辞典を使って分からない漢字を調べることで漢字の習得を図るといった、生徒の知的障害の実態に応じて目標を定め、言葉を通じた理解や表現及びそこで用いられる言葉そのものを学習できるように支援内容を用意している。また、完成した作文を評価する時間を設定し、用意された採点表の項目を手がかりに採点結果の理由を自分なりに説明することで、他者に分かりやすい作文を書くための手順や知識を習得し、自分の思いや考えを形成し深めることができるようにしている。

　この授業実践では、こうした生徒の学習過程に加えて、国語科における基礎的・基本的な知識や内容を学習するとともに、作文の採点表に従って自分

や友達の書いた作文を評価し発表することで、他者に分かりやすい作文を書くために必要なことを生徒たち自身が考えて問題や課題を発見し解決できるようにした。また、友達とペアになって作文を評価しあうことで、生徒たちが対話を通して協働で課題に取り組む内容が設定されていた。さらに、作文のテーマや内容といった作文の構想、漢字の習得を図るための国語辞典の活用、評価表による完成した作文の評価等といった生徒たち自身が主体的に考えて能動的に学習するような内容が取り入れられている。児童生徒たちが将来豊かな社会生活を送るために必要な資質・能力を学習するためには、深い学びを目指して単元（題材）の目標や内容に応じてバランスを考えながら取り入れることで、児童生徒たちの学習への積極的な取組や理解を促し、児童生徒たちの思考力・判断力・表現力や問題解決力、他者と協働する力等を育成することが重要であるといえよう。

　学習評価については生徒たちが書いた作文を基に評価するとともに、作文をポートフォリオのようにして生徒たち自身が自分の活動を振り返ることができるようにしていた。また、授業評価として毎回の授業後に20分間を目安に担当教員で授業ミーティングを行い、その日の授業における生徒たちの様子やその背景と次時への配慮点などを記録した授業記録、授業計画シート及びこれまでの授業記録を一冊に綴った指導記録ファイル、授業VTRなどを用いて、その日の授業を反省したり単元（題材）計画の評価を行ったりしていた。協働的な学びでは、児童生徒がどう活動し、どう発言したのか等の学習過程が非常に重要になる。学習結果を評価するだけでなく、支援内容の児童生徒への効果を記録するとともに、学習過程を記録し綴れるポートフォリオの方法も有効だと考えられる。

　知的障害のある児童生徒の場合、言語的なコミュニケーションを用いて他者と対話的な活動が困難な者も多い。そのため、対話的な活動を構築することには難しさが感じられる。しかしながら、対話的な活動を全てのコミュニケーション手段を持ちながら他者とやりとりする活動と捉えるならば、児童生徒の実態にあった活動ができる可能性があるだろう。

　愛媛大学教育学部附属特別支援学校小学部の授業実践は、生活単元学習の単元「はなぐみ　ふゆのレストランをしよう」であり、児童が集団の中で他の児童の動きを見ながら、自分の役割を意識しつつ、どう行動すればよいかを自分なりに考えて行動するということを目指した取組である。この学校では、学校目標の「たくましく生きぬく力をもつ子供の育成〜すべての子供の自立, 社会参加, 就労の実現を目指す〜」を元に、キャリア教育の視点に立っ

た教育実践を行っている。その際には、児童生徒の主体性を引き出す内面に焦点を当て、①人との関係の中で力を発揮し、②思考を働かせて力を発揮し、③見通しをもって力を発揮し、④正しい（通用する）方法で力を発揮し、⑤自分の役割を意識して力を発揮しという5つの規準を基に授業づくりを行っている。

　対象となった児童は言語コミュニケーションは困難だが、他者の動きを意識しながら協調して活動し、協働して課題を解決するということを行っている。この取組では、学習の題材に対して、学校の教育目標を基にグループの目標、一人一人の児童の目標を設定するとともに、単元が進行するにつれて目標の修正や手立ての工夫を積み重ねるということを行っている。

　対象の児童の場合、言語コミュニケーションが困難なため、周囲の児童の動きを見ながら行動することを対話的な活動と捉え、学習の中でそうした動きができることを目指している。この児童なりの非言語コミュニケーションの中での、主体的な行動を学習目標の対象としているのである。

　そうした学習目標の中では、ただ活動の中で主体的な行動が出てくるのを待ったり、活動の仕方を教えるのではなく、本人が活動の中でどう行動すればよいかの手がかりを、学習活動の中に丁寧に組み込んだり（例としては、カレーをよそう時に、飾り付けが分かりやすいように模様が入っている皿を使うなどが挙げられる）、授業の枠組みを用意し経験させるのではなく、自分で判断し、それを実感しやすいように工夫したりしている。児童が主体的に学習するときに、行動の適否についてのフィードバックを結果から自分で判断できる仕組みを活動の中に組み入れることは、知的障害の特性に配慮するという観点から、知的障害教育における主体的・対話的で深い学びの授業を計画したり、評価したりする上で盛り込むべき視点と言えるだろう。

　また、この実践における教育目標と内容・指導方法、学習評価は、前の工程を次の工程が引き継ぐような形で進んでいくのではなく、教育目標を基に学習内容・指導方法を考え教育目標を見直す、実践を行いながら学習内容・指導方法を見直す、学習評価を行いながら内容・指導方法を見直すという、有機的な連携を行っているということが分かる。特に知的障害教育では、児童生徒の実態に応じて教育内容・指導方法を設定する必要があり、PDCAサイクルの各段階が独立するのではなく、絶えず微修正が求められる場合もあるだろう。学習内容や児童生徒の実態に応じてPDCAサイクルの立案方法も柔軟な対応が求められる。

　研究協力機関で行われた、知的障害教育特別支援学校における「主体的・

対話的で深い学び」を目標とした授業は、試行的なものであるが、一定の成果が示された。主体的・対話的な学びに関しては、これまで知的障害教育で行われてきた実践を参考にできるということである。各研究協力機関で行った実践は、これまでにも行ってきたような内容を元にしているが、そうしたものに、主体的・対話的で深い学びの視点を、目標と内容・指導方法、学習評価を一体的に捉えて組み立てられている。また、一人一人の児童生徒の行動やどう考えているのかに注目した取組は、グループ活動で何ができたかだけでなく、一人一人の児童生徒にとってどのような力を身に付けるのか、何ができるようになるとよいかという視点を基に学習活動を組み立てており、それを実現しているという点にある。

　深い学びをどう捉えるかということについては、知的障害教育においても方向性は、小、中学校、高等学校と同様のものであると考えられる。しかしながら、学習活動の中で学んだことと自分の人生や社会の在り方を主体的に結びつけたり、多様な人との対話で考えを広げたり、教科等で身に付けた様々な見方・考え方を通して世の中を捉え、深く考えたりすることを実現するということについての捉え方には、児童生徒の障害の実態に応じて考える必要がある。また、深い学びへ至るためには、自主的な気付きのみに頼るのではなく、考え方や知識の枠組みを助ける教材や、児童生徒が導き出した考えや行動が自己評価できる仕組みによる支援が必要である。

③　まとめと今後の課題

　研究協力機関で行われた実践では、「幼稚園、小学校、中学校、高等学校及び特別支援学校の学習指導要領等の改善及び必要な方策等について（答申）」で述べられている①学ぶことに興味や関心を持ち、自己のキャリア形成の方向性と関連付けながら、見通しを持って粘り強く取り組み、自己の学習活動を振り返って次につなげる「主体的な学び」が実現できているか、②子供同士の協働、教職員や地域の人との対話、先哲の考え方を手掛かりに考えること等を通じ、自己の考えを広げ深める「対話的な学び」が実現できているか、③習得・活用・探究という学びの過程の中で、各教科等の特質に応じた「見方・考え方」を働かせながら、知識を相互に関連付けてより深く理解したり、情報を精査して考えを形成したり、問題を見いだして解決策を考えたり、思いや考えを基に創造したりすることに向かう「深い学び」が実現できているか、という３つを授業改善の視点として授業が行われた。こうした実践の中では、知的障害のある児童生徒の主体的・対話的で深い学びの捉

え方や配慮すべき点をみることができた。

　こうした取組からは、主体的・対話的で深い学びを行うためには、知的障害の特性に配慮して、学習活動の中で学んだことと自分の人生や社会の在り方を主体的に結びつけたり、多様な人との対話で考えを広げたり、各教科等で身に付けた様々な見方・考え方を通して世の中を捉え、深く考えたりすることを実現するということについては、子供の一人一人の実態に応じて考える必要があることが示唆される。

　また、障害の程度や状態に応じた活動を行うためには学習目標の工夫が必要となる。特に、言語コミュニケーションが困難な子供の場合には、周囲の子供や大人の発する非言語メッセージや環境にある状況を読み取って、主体的に行動することなども学習目標として対象となるだろう。また、主体的・対話的で深い学びを行えるような活動を行うためには、子供の自主性のみに頼るのではなく、知的障害教育でこれまで行ってきたような、一人一人の子供の実態に応じた支援に加え、主体的な行動ができるように見通しを持たせたり、自分の活動内容を振り返ったりできるような支援教材が必要となると考えられる。

（横尾俊・神山努・村井敬太郎）

文献

Bonwell, Charles C., Eison, James A.（1991）Active Learning: Creating Excitement in the Classroom. ASHE-ERIC Higher Education Reports.

Johnson, D. W., & Johnson, R. T., & Holbec, E. J.(2002) Circles of Learning: Cooperation in the Classroom(5th ed.). Interaction Book Company. 石田裕久・梅原巳代子訳 (2010): 学習の輪 改訂新版─学び合いの協同教育入門 , 二瓶社.

Prince, M.（2004）Does Active Learning Work? A Review of the Research, Journal of engineering education, 93, 1-10.

Smith, C. V., & Cardaciotto, L. A.（2011）Is active learning like broccoli ? Student perceptions of active learning in large lecture classes. Journal of the Scholarship of Teaching and Learning, 11, 53-61.

髙木展郎（2016）次期学習指導要領国語科の展望 , 教育科学国語教育 ,804,4-11.

武富博文（2015）4　組織的・体系的な学習評価を促す実践. 専門研究Ｂ　知的障害教育における組織的・体系的な学習評価の推進を促す方策に関する研究－特別支援学校（知的障害）の実践事例を踏まえた検討を通じて－　研究成果報告書，独立行政法人国立特別支援教育総合研究所 .

涌井恵（2016a）協同学習 . 日本 LD 学会編：発達障害事典 , 丸善出版 , pp. 128-129.

涌井恵（2016b）発達障害教育分野におけるアクティブ・ラーニングへの期待と今後の課題 . LD 研究 , 25(4), pp. 398-405.

第4章

研究3 知的障害教育における教育目標と内容・指導方法、学習評価が一体的につながりを持つための工夫の検討

第1節 目 的

　「育成を目指す資質・能力」を一人一人の児童生徒に確実に身につけていくためには、各学校が定める学校教育目標の下、教育内容・指導方法・学習評価が一体的なつながりを持って、教育課程が具体的に展開されることが重要となる。

　この具体的な展開については、各学校の児童生徒の実態や学校経営上の課題、地域の実情等が様々に異なることから、画一的なマネジメント方法である必要はなく、各学校の特色等を生かした工夫を行うことが必要となる。

　本稿では、ここで言う「教育目標と内容・指導方法、学習評価の一体的なつながり」を端的に表すと考えられる「カリキュラム・マネジメント」の概念について整理することを目的に文献による情報収集を行う（研究3-1）と同時に、全国特別支援学校知的障害教育校長会との協働により教育課程の編成や改善等に係る全国の特別支援学校（知的障害）の状況を調査し、現状や課題の分析を行う（研究3-2）。また、並行して研究協力機関を対象として各学校で取り組まれているカリキュラム・マネジメントの具体的な内容や工夫等について、特に「一体的なつながり」に視点を当てて情報を整理する中で、教育課程編成の際に考慮すべき要因を検討し（研究3-3）、最終的にカリキュラム・マネジメントを促進する考え方の枠組を提案することを目的とする。

第2節 文献調査によるカリキュラム・マネジメントの概念整理

① 方法

　論文データベース CiNii を用いて「カリキュラム・マネジメント」をキーワードとする図書、雑誌の検索を 2016 年 1 月に実施し、特別支援教育分野のみならず、通常の教育におけるカリキュラム・マネジメントについて言及している文献も併せて分析の対象とした。

　また、本研究に先立って実施した平成 25 ～ 26 年度専門研究 B「知的障害教育における組織的・体系的な学習評価の推進を促す方策に関する研究 － 特別支援学校（知的障害）の実践事例を踏まえた検討を通じて－ 」も学習評価を基軸としたカリキュラム・マネジメントの重要性について言及しており、特別支援教育分野でカリキュラム・マネジメントについて言及した文献は少ないことから分析の対象とした。

　さらに、中央教育審議会初等中等教育分科会教育課程部会に設置された教育課程企画特別部会の論点整理及び審議に際して使用された資料や資料の中に記されていた参考文献についても「カリキュラム・マネジメント」の在り方について触れられていることから、分析の対象とした。

② 結果

　分析の対象とした文献等は以下の表 4-2-1 に示す通りである。なお、各文献の中で、①カリキュラム・マネジメントをどのように定義しているか、②カリキュラム・マネジメントを実施する意義、③カリキュラム・マネジメントに必要な要素、④カリキュラム・マネジメントが必要とされる背景、⑤カリキュラム・マネジメントの結果や成果をどのように評価するか、⑥その他の視点・参考情報等の 6 点に着目し、それぞれの項目の対象となる箇所を抽出した。その結果について表 4-2-2 に示す。

表 4-2-1　分析対象文献リスト

タイトル	著者、出版年等
カリキュラムを基盤とする学校経営	天笠茂著（2013）
実践・カリキュラムマネジメント	田村知子編著（2011）
カリキュラムマネジメント：学力向上へのアクションプラン	田村知子著（2014）
解説授業とカリキュラム・マネジメント．	分藤賢之・川間健之介・長沼俊夫 監修　全国特別支援学校肢体不自由教育校長会編著（2015）
高等学校のためのカリキュラム・マネジメントによる学校改善ガイドブック	神奈川県立総合教育センター[編]（2007）
小・中学校の教員のためのより良い学校づくりガイドブック：カリキュラム・マネジメントの推進	神奈川県立総合教育センター[編]（2007）
特集：カリキュラム・マネジメントの進め方：特色ある教育課程づくりをどう推進していくか	教職研修（2003）
特集1：これからの学校管理職に求められるカリキュラム・マネジメント	教職研修（2015）
第1特集：移行期へのカリキュラム・マネジメント：次年度の教育課程編成と全面実施への指導体制の確立	教職研修（2008）
「知的障害教育における組織的・体系的な学習評価の推進を促す方策に関する研究 －特別支援学校（知的障害）の実践事例を踏まえた検討を通じて－」	国立特別支援教育総合研究所（2015）
教育課程企画特別部会における論点整理について（報告）	中央教育審議会初等中等教育分科会教育課程部会教育課程企画特別部会（2016）

表4-2-2　カリキュラム・マネジメントの定義等の記載内容の整理

番号	文献の名称	著者	ページ	①カリキュラム・マネジメントをどのように定義しているか	②カリキュラム・マネジメントを実施する意義、	③カリキュラム・マネジメントが必要とされる背景、	④カリキュラム・マネジメントを構成する要素、	⑤カリキュラム・マネジメントの結果や成果をどのように評価するか。	⑥その他の視点・参考情報等
1	教職研修 2015.6 なぜ、カリキュラム・マネジメントなのか	天笠茂、合田哲雄	18-23	●学校教育目標を実現するために、教育課程を編成し、その教育課程を実施・評価して改善に当たっていくこと。とりわけ中学校・高校において教科等を超えて資質・能力をはぐくむという視点が非常に重要だというところです。②教育内容を相互に関連づけ、横断するという意味合いです。③個々に捉えられがちな教育内容と条件整備を、一体として扱う発想であり、カリキュラム・マネジメントを、ヒト・モノ・カネ・情報・時間などの経営資源との関連で捉える発想であり、手法とするものです。	●深く思考するためのアクティブ・ラーニングという文脈	●教師的が子どもと向き合う時間など条件整備の文脈 ●効果的・効率的な指導のために、教育課程における改善に当たって、PDCAサイクルの確立が必要。そのためのカリキュラム・マネジメントという位置づけ ●アクティブ・ラーニングの理念を支える学習指導要領、その実践を支えるカリキュラム・マネジメントという文脈 ●学校教育目標を達成するために教育課程をどう編成し、個々の授業をどう展開していくのかを考えていくこと。実際に学校教育目標・教育課程編成・授業の営みに、それぞれが個々に独立したところがあります。これらが個々になされ、つながりに欠けているところが、学校現場をして苦しい状況をつくり出している。それをもう一度つめ直す視点としてのカリキュラム・マネジメントが求められていると思います。	●学校教育目標 ●教育課程　ヒト・モノ・カネ・情報・時間など ●校内研修 ●グランドデザイン（校長が中心となって描く。全体的な構想です。）		●今後学校現場で取り組まれていく際には、この三つの側面（①〜③）のどこに強調点を置いているのか、どう具体化していくのかを自覚的に捉えていく必要があるのではないでしょうか。 ●次期学習指導要領では、各教科等の内容、教育内容と教育条件、学校の内と外といった壁をどのように乗り越えて効果的な教育にしていくのかが問われます。 ●各学校が自校の姿や地域の様子、教育条件などを結びつけ、そこからカリキュラム・マネジメントの捉え方や方法を考えていくことが基本ですが、それぞれ考えがあって、その後に具体的な取組が展開されていくことが大切です。
2	教職研修 2015.6 カリキュラム・マネジメントの主なポイント① 学校教育目標をどう打ち立てるか	中村斉	24				●学校教育目標 ●マーケティング		
3	教職研修 2015.6 カリキュラム・マネジメントの主なポイント② グランドデザインをどう打ち立てるか	中村斉	25				●グランドデザイン（学校教育全体構造図） ●学校自己評価 ●学校関係者評価（学校経営戦略プラン）	●教育課程の評価計画書を作成することである。	
4	教職研修 2015.6 カリキュラム・マネジメントの主なポイント③ 教育課程をどう創意工夫するか	佐々木隆良	26			●教育課程基準の大綱化の弾力化にともなう特色ある学校づくりが叫ばれている	●学校内外の人的・物的資源 ●学習指導法の工夫　学習内容にかかわる創意工夫　TT、少人数授業などの学習形態の工夫　コンピュータを活用するなどの情報通信技術や余剰教室の活用など、学習環境活用の工夫 ●時間割を弾力的に編成するなど		●指導内容の配列と組織化に留意し、問題解決的な学習や体験的な学習を取り入れるなど、いわゆる学習指導法の工夫をすることが大切である。

144

No.	著者・出典	ページ			
5	教職研修 2015.6 カリキュラム・マネジメントの主なポイント④ 教務主任にはどのようなマネジメント能力が求められるのか 佐々木隆良	27	●学校のグランドデザインに沿ってPDCAサイクルを回して、教育活動をエ夫・改善することである。	●学校のグランドデザイン ●ヒト、モノ、コト	●カリキュラム・マネジメントを効果あるものにするためには、めざすべての教職員が、めざす学校像、生徒像、授業像を常に共有しながら、その実現に向けてPDCAサイクルをつくることが大切である。
6	教職研修 2015.6 [事例に学ぶ] カリキュラム・マネジメントの視点による分析と改善 田村知子	28-33		●児童・生徒に学力を保障し、教育的成長を促すという目的にいっそう意識的になり、その実現のために内容に柔軟に工夫をすること。	●カリキュラム・マネジメントのチェックポイント①教育内容は適切か。単なる標準である授業か。②カリキュラム（教育計画とその実施である授業）は、目標と関連づけられて構成され、目標に対して意識的な実践が展開されているか。③カリキュラムは、限られた時数のなかで効果的に実現されるよう、その系統性や教科横断的な関連性が工夫されているか。④過去に開発され検討されて実践されているカリキュラムの実現状況やカリキュラムの実現を評価する仕組みやプロセスがあるか。⑤目標の適切さを評価し、子どもを教師も向上し、成果や伸びを共有できているか。⑥評価に基づき取組をやり、関係者で喜びを共有できているか。あるいは、よい取組を継続・発展させるための研究がカリキュラム文化としてもある授業研究がカリキュラム・マネジメントと連動して実施されているか。⑧教師以外が校の学習の主体である児童・生徒、学校づくりのパートナーである保護者や地域のゲストティーチャーなどにもカリキュラムに関する情報が伝えられたり、計画や評価の段階に参加の機会が設けられているか。
7	中央教育審議会 教育課程企画特別部会 論点整理 平成27年8月26日 中央教育審議会 教育課程企画特別部会	21-26	●学習指導要領等を受け止めつつ、子供たちの姿や地域の実情等を踏まえて、各学校が設定する教育目標を実現するために、学習指導要領等に基づきどのような教育課程を編成し、どのように実施・評価し改善していくのかという「カリキュラム・マネジメント」の確立が求められる。 ●学校の組織力を高める観点から、学校の組織及び運営について見直しを迫るものである。	●今回の改訂が目指す理念を実現するためには、教育課程全体を通した取組を通じて、教科横断的な視点から教育活動の改善を行っていくことや、学校全体としての取組を通じて、教科等や学年を越えた組織運営の改善を行っており、各学校が編成する教育課程を核に、どのように教育活動や組織運営などの学校の全体的な在り方を改善していくのかという「カリキュラム・マネジメント」の確立が求められるのである。	①各教科等の教育目標や内容を相互の関係で捉え、学校教育目標を踏まえた教科横断的な視点で、その目標の達成に必要な教育の内容を組織的に配列していくこと。 ②教育内容の質の向上に向けて、子供たちの姿や地域の現状等に関する調査や各種データ等に基づき、教育課程を編成し、実施し、評価して改善を図る一連のPDCAサイクルを確立すること。 ③教育内容と、教育活動に必要な人的・物的資源等を、地域等の外部の資源も含めて活用しながら効果的に組み合わせること。 ●各教科等の教育内容を相互の関係で捉え、学校教育目標を踏まえた教科横断的な視点で、その目標の達成に必要な教育の内容を組織的に配列していくこと。 ●教科等横断的に配列した教育の内容を、授業時間として各学年・各学期・各月・各週等に必要に応じて配当する。 ●個々の教育活動を教育課程に位置付け、教育課程全体と各教科等の内容の関係を捉え、相互の関連付けや横断を図る手立てや体制を整える必要がある。 ●学校内だけではなく、保護者や地域の人々等を巻き込んだ「カリキュラム・マネジメント」を確立していくことも重要である。

③　考察

　「カリキュラム・マネジメント」の定義については、大別すると以下の２つの考え方が述べられている。

　一点目は、天笠（天笠、2015）の言う、「学校教育目標を実現するために、教育課程を編成し、その教育課程を計画・実施・評価して、と回していくこと」である。この点に加えて「教育内容を相互に関連づけ、横断するという意味合い」も含めると、教育課程を中心に据えて、教育活動そのものをPDCAサイクルで展開していく側面と捉えることができる。同様に、「中央教育審議会教育課程企画特別部会における論点整理について（報告）」（以下、「論点整理」と言う）でも「学習指導要領等を受け止めつつ、子供たちの姿や地域の実情等を踏まえて、各学校が設定する教育目標を実現するために、学習指導要領等に基づきどのような教育課程を編成し、どのようにそれを実施・評価し改善していくのかという『カリキュラム・マネジメント』の確立が求められる。」と指摘されているように、教育課程の編成・実施・評価といったことが基盤となった考え方を示している。

　二点目は、天笠（天笠、2015）の言う、教育内容と条件整備の「相互関係を全体的・総合的に把握し、カリキュラムをヒト・モノ・カネ・情報・時間など経営資源との関連で捉える発想であり、手法とするもの」という考え方である。論点整理においても「学校の組織力を高める観点から、学校の組織及び運営について見直しを迫るもの」と述べられており、学校経営の中心となる教育課程の展開そのものというよりも、むしろそれを支えている外的な条件整備について管理・運営していく側面にまで拡充した考え方を示すものである。この考え方の中には、予算編成や人事等の要素も含まれており、「カリキュラム・マネジメントは管理職が行うもの」といった考え方を敷衍させる一因ともなっていると推察される。

　以上の２つの側面を田村（田村、2014）は、「カリキュラムマネジメント全体構造図」の中に示しており、前者を「教育活動」、後者を「経営活動」として括っている。経営活動の中には「リーダーシップ」や「組織構造」、「学校文化」「家庭・地域社会等」、「教育課程行政」を位置付けており、カリキュラム・マネジメントの幅の広さや奥の深さを表している。また、論点整理では「全ての教職員がその必要性を理解し、日々の授業についても、教育課程全体の中での位置付けを意識しながら取り組む必要がある。」とカリキュラム・マネジメントの重要性を指摘しているが、中心的には教育課程の展開そのものに関わる内容、つまり田村の言う「教育活動」を中心に位置付けてい

るものと考えられる。日々の授業を実践している学校現場の教職員が関与可能となる身近なテーマをカリキュラム・マネジメントの中核に位置付けて、全教職員参画のもと学校としての組織力の強化を図り、保護者や地域、その他の関係機関との連携を強化することにより、全体的な教育力の向上をイメージしているものと推察される。

これまでに述べた論点は、小・中学校等の教育課程編成と共通する観点でのカリキュラム・マネジメントの捉え方であったが、特別支援教育の中でもとりわけ特別支援学校（知的障害）においては、小・中学校等の教育課程編成とは異なる手法等を加味して教育課程編成を行っていると捉えることが重要である。

国立特別支援教育総合研究所が平成25 ～ 26年度に行った研究（国立特別支援教育総合研究所、2015）では、学習評価を中心に据えた研究を行う中で「体系的な学習評価のPDCAサイクル概念図」等を示しながら、教育課程を構成する様々な要素を示している。

その一つ目に、教育課程の枠組が通常の教育とは異なり、「知的障害者である児童又は生徒に対する教育を行う特別支援学校の各教科」が設定されていることや特別の指導領域である自立活動が教育課程の柱に位置付いていることがあげられている。

二つ目は、個別の教育支援計画や個別の指導計画の作成及び活用についてであり、小・中学校等の通常の学級における教育課程編成上は一部でのみしか実施されていない独自の取組である。

三つ目は、学校教育法施行規則第130条にも規定されているように、特に必要があるときは、各教科や各教科に属する科目の全部又は一部について、合わせて授業を行うことができることや各教科、道徳、外国語活動、特別活動及び自立活動の全部又は一部について、合わせて授業を行うことができることである。

四つ目は、特別支援学校（知的障害）の多くが、複数の学部や学科を有することであり、学部・学科を超えたカリキュラム・マネジメントを行うという点である。

このように、教育課程の編成・実施に係る要因や手法は、知的障害のある児童生徒の実態の多様性等を背景に、全体として弾力的な運用や柔軟な対応が可能となるような構成及び示し方がなされていることから、それぞれの要因が複雑に絡み合っているとも捉えられ、学校としての教育課程編成を中心としたカリキュラム・マネジメント構造の複雑性を成しているものと考えら

れる。

　この点では、同研究において、学習評価を中心に据えたカリキュラム・マネジメントの重要性を指摘しており、逆向き設計でカリキュラムを構成することの重要性を指摘した他の研究とも相通じる部分がある。

　いずれにしても、学習指導要領や関係法令等をもとにしながら、各学校が設定する学校教育目標を実現するために、どのように教育課程を編成し、どのようなプロセスを経て、それを実施・評価・改善していくのかという点を中心に据えた概念として「カリキュラム・マネジメント」が捉えられており、これを支える組織の在り方等についても要因として加味し全体を把握する必要がある。

　本研究においては、上記の点を考慮しながら、次項以降において特別支援学校（知的障害）の実態を捉え、課題や工夫点等について整理することとする。

第3節　全国特別支援学校知的障害教育校長会「情報交換アンケート」調査

第3節 全国特別支援学校知的障害教育校長会「情報交換アンケート」調査

① 全国特別支援学校知的障害教育校長会（以下、全知長）の情報交換資料について

　全知長では、加入する特別支援学校を対象に情報交換と知的障害教育推進上の課題を明らかにする目的で、毎年6月を目途に児童生徒の在籍状況や進路状況、施設・設備等に関するアンケート調査を行っている。

　国立特別支援教育総合研究所知的障害教育班では全知長との連携・協力体制を構築し、これらの情報交換アンケート項目の中に特設項目として上記の項目以外に、学校現場における喫緊の課題等に関連する項目を設定し、詳細な分析を行っている。

　平成27年度は、本研究と関連して「カリキュラム・マネジメントについて」と題する項目を7項目設定した。また、平成28年度は、研究の進捗状況を踏まえ、新たな項目を追加し、12項目の質問を設定した。年度毎の質問設定項目は、表4-3-1の通りである。

表4-3-1　年度別質問設定項目

平成27年度質問設定項目	平成28年度質問設定項目
Ⅰ．教育課程の編成・改善に関する規定・マニュアルについて（2項目）	Ⅰ．カリキュラム・マネジメントに関わる各項目の「見直し（検討）」の状況について（4項目）
Ⅱ．教育課程の編成・改善に関するスケジュールについて（2項目）	Ⅱ．カリキュラム・マネジメントに関わる各項目の「修正・変更」の状況について（4項目）
Ⅲ．各教科等の年間指導計画の活用状況（1項目）	Ⅲ．教育課程を管理・運営する校内組織（委員会・会議等）の有無（1項目）
Ⅳ．教育課程を管理・運営する校内組織（委員会・会議等）の有無（1項目）	Ⅳ．学校全体の教育課程の改善状況（1項目）
Ⅴ．学校全体の教育課程の改善状況（1項目）	Ⅴ．学校教育目標→教育内容（何を学ぶか）→指導方法（どのように学ぶか）→学習評価の一体的なつながりをもたせるために、学校として特に工夫している点（1項目）
	Ⅵ．個別の教育支援計画への合理的配慮の記載状況（1項目）

平成27年度の質問設定項目Ⅳ、Ⅴと平成28年度の質問設定項目Ⅲ、Ⅳは、経年変化をみる目的で同じ質問項目を設定した。

② アンケート調査の結果について

年度毎の調査期間、調査対象校数、回答校総数は表4-3-2の通りである。なお、集計上は回答のあった本校・分校・分教室をそれぞれ1校とカウントした。

表4-3-2 調査期間・対象校数・回答校総数

項目	平成27年度	平成28年度
調査期間	6月4日（木）から6月30日（火）	6月1日（水）から6月30日（木）
調査対象校数	616校	628校
回答校総数	779校（※1）	774校（※1）

※1 集計の際、本校・分校・分教室をそれぞれ1校とカウントしたので、調査対象校数よりも多くなっている。

調査結果は、以下の通りである。

【平成27年度設定項目】

QⅠ-1 教育課程の「編成」に関する規定・マニュアル

教育課程の「編成」に関する規定・マニュアルについて、図4-3-1の通り3つの選択肢による回答を求めた。最も多かったのは「教育課程の編成に関する校内の手引やルールは明文化されていないが、共通理解されている。」という回答で58.0%であった。続いて多かったのが「教育課程の編成に関する校内の手引やルールが明文化されている」という回答で全体の32.3%となっていた。8.9%の学校では「教育課程の編成に関する校内の手引やルールは、特に共通理解されていない」という回答が見られた。

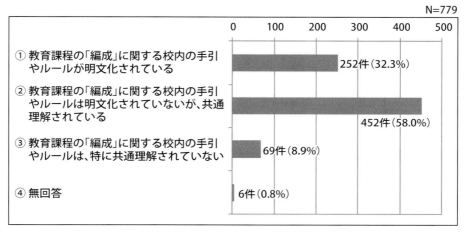

図4-3-1 教育課程の「編成」に関する規定・マニュアル

QⅠ-2 教育課程の「改善」に関する規定・マニュアル

　教育課程の「改善」に関する規定・マニュアルについて図4-3-2の通り3つの選択肢による回答を求めた。最も多かったのは「教育課程の改善に関する校内の手引やルールは明文化されていないが、共通理解されている。」という回答で61.2%であった。続いて多かったのが「教育課程の改善に関する校内の手引やルールが明文化されている」という回答で全体の21.4%となっていた。また、15.4%の学校で「教育課程の改善に関する校内の手引やルールは、特に共通理解されていない」という回答が見られた。

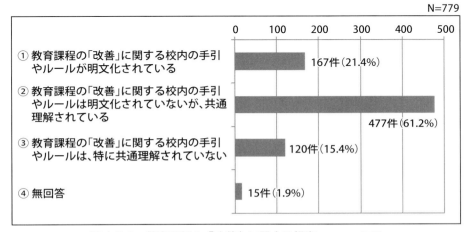

図4-3-2　教育課程の「改善」に関する規定・マニュアル

QⅡ-1 教育課程の「編成」に関するスケジュール

　教育課程の「編成」に関するスケジュールについて、図4-3-3の通り3つの選択肢より回答を求めた。最も多かったのは「教育課程の編成に関するスケジュールは明文化されていないが、共通理解されている。」という回答で46.2%であった。続いて多かったのが「教育課程の編成に関するスケジュールが明文化されている」という回答で全体の43.9%となっていた。また、8.1%の学校では「教育課程の編成に関するスケジュールは、特に共通理解されていない」という回答が見られた。

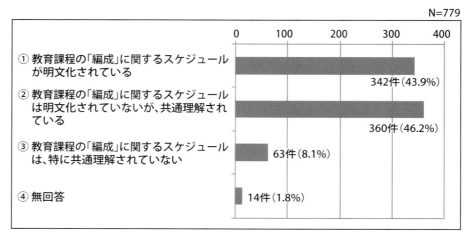

図 4-3-3　教育課程の「編成」に関するスケジュール

QⅡ-2　教育課程の「改善」に関するスケジュール

　教育課程の「改善」に関するスケジュールについて、図 4-3-4 の通り 3 つの選択肢より回答を求めた。最も多かったのは「教育課程の改善に関するスケジュールは明文化されていないが、共通理解されている。」という回答で 49.3% であった。続いて多かったのが「教育課程の改善に関するスケジュールが明文化されている」という回答で全体の 35.4% となっていた。また、13.2% の学校では「教育課程の編成に関するスケジュールは、特に共通理解されていない」という回答が見られた。

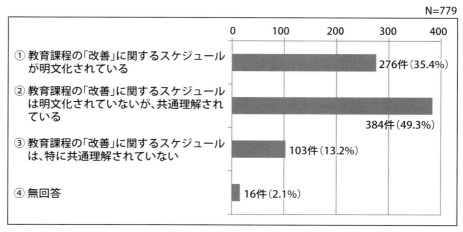

図 4-3-4　教育課程の「改善」に関するスケジュール

QⅢ 各教科等の年間指導計画の活用状況

各教科等の年間指導計画の活用状況について、図4-3-5の通り5つの選択肢より回答を求めた。最も多い回答は、「各教科等の年間指導計画を校内の教職員のみで活用している」といった回答で全体の71.8%となっていた。続いて割合が高いのは「各教科等の年間指導計画を保護者へ公開している」で13.5%となっていた。

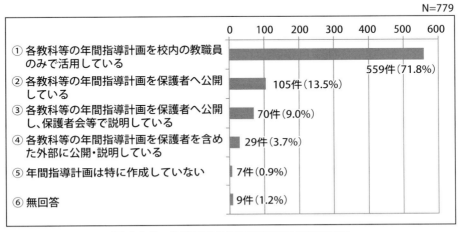

図4-3-5 各教科等の年間指導計画の活用状況

そのほかに、9.0%の学校が「各教科等の年間指導計画を保護者へ公開し、保護者会等で説明している」、また、3.7%の学校が「各教科等の年間指導計画を保護者を含めた外部に公開・説明している」と回答しており、②〜④までを合わせると、全体の約25%の学校では保護者への公開等がなされている状況が伺えた。

QⅣ 教育課程を運営・管理する校内組織の有無

教育課程を運営・管理する校内組織の有無について、図4-3-6の通り4つの選択肢より回答を求めた。最も多かった回答は、教育課程を運営・管理する組織として「学部・学科等の内部と学部・学科等を横断して運営・管理する組織の両方を設置している」と回答した学校で全体の43.6%となっていた。続いて多かったのが、「学部・学科等を横断して運営・管理する組織のみを設置している」と回答した学校で全体の31.3%となっていた。また、「学部・学科等の内部のみを運営・管理する組織を設置している」と回答した学校が全体の21.2%となっていた。

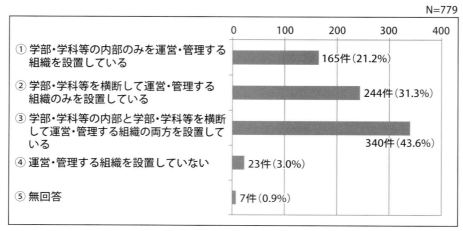

図 4-3-6　教育課程を運営・管理する校内組織の有無

QⅤ　学校全体の教育課程の改善状況

　学校全体の教育課程の改善状況について、図 4-3-7 の通り 6 つの選択肢より回答を求めた。最も多かったのは「おおむね改善されている」とした回答で全体の 52.9％ であった。次に多かったのが、「どちらかと言えば改善されている」とした学校で全体の 33.6％ となっていた。続いて、「どちらかと言えば改善されていない」が 7.1％、「とてもよく改善されている」と回答した学校が 4.4％ となっていた。

　全体としては、改善されている方に約 90％ の学校が入っている状況にあった。

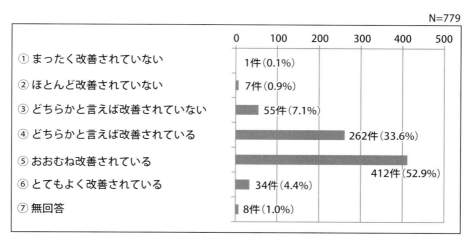

図 4-3-7　学校全体の教育課程の改善状況

【平成28年度設定項目】

QⅠ-1 「学校教育目標」の見直し（検討）の状況

　「学校教育目標」の見直し（検討）の状況について、図4-3-8の通り5つの選択肢より回答を求めた。最も割合の高い回答は、「毎年見直しを行っている」という回答で、53.5%であった。続いて割合が高かったのは「数年おきまたは学校としての節目となる機会に見直しを行っている」という回答で30.9%であった。

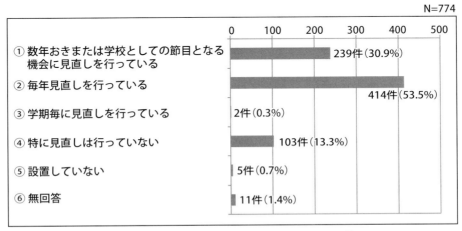

図4-3-8 「学校教育目標」の見直し（検討）の状況

QⅠ-2 「学校教育目標を踏まえた『育てたい子供像』や『つけたい力』等の児童生徒に育成すべき資質・能力」の見直し（検討）の状況

　「学校教育目標を踏まえた『育てたい子供像』や『つけたい力』等の児童生徒に育成すべき資質・能力」の見直し（検討）の状況について、図4-3-9の通り5つの選択肢より回答を求めた。「毎年見直しを行っている」と回答した割合が最も高く、65.8%であった。続いて割合が高かったのは「数年おきまたは学校としての節目となる機会に見直しを行っている」という回答で24.0%であった。

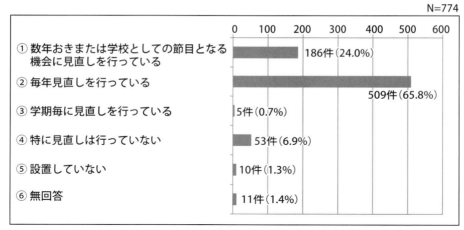

図 4-3-9 「学校教育目標を踏まえた『育てたい子供像』や『つけたい力』等の児童生徒に育成すべき資質・能力」の見直し（検討）の状況

QⅠ-3 「学部（教育）目標」の見直し（検討）の状況

「学部（教育）目標」の見直し（検討）の状況について、図 4-3-10 の通り 5 つの選択肢より回答を求めた。「毎年見直しを行っている」と回答した割合が最も高く、77.9% であった。続いて割合が高かったのは、「数年おきまたは学校としての節目となる機会に見直しを行っている」という回答で 14.0% であった。

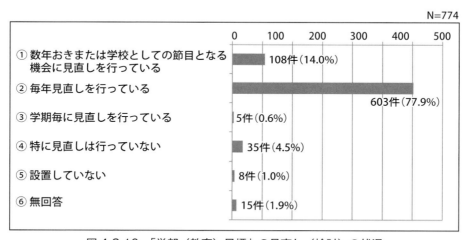

図 4-3-10 「学部（教育）目標」の見直し（検討）の状況

QⅠ-4 「学部（教育）目標を踏まえた『育てたい子供像』や『つけたい力』等の児童生徒に育成すべき資質・能力」の見直し（検討）の状況

「学部（教育）目標を踏まえた『育てたい子供像』や『つけたい力』等の

児童生徒に育成すべき資質・能力」の見直し（検討）の状況について、図4-3-11の通り5つの選択肢より回答を求めた。「毎年見直しを行っている」と回答した割合が最も高く、74.9%であった。続いて割合が高かったのは「数年おきまたは学校としての節目となる機会に見直しを行っている」という回答で13.6%であった。

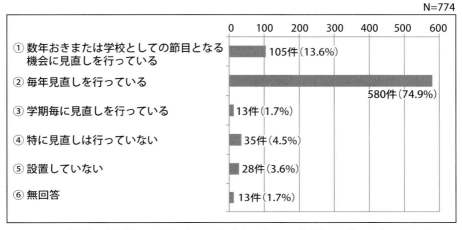

図4-3-11 「学部（教育）目標を踏まえた『育てたい子供像』や『つけたい力』等の児童生徒に育成すべき資質・能力」の見直し（検討）の状況

QⅡ-1 「学校教育目標」の修正・変更の状況

「学校教育目標」の修正・変更の状況について、図4-3-12の通り2つの選択肢より回答を求めた。「修正・変更していない」と回答した割合の方が高く、75.5%であった。また、「修正・変更した」と回答した割合で、22.2%であり、全体の5分の1程度の学校では、学校教育目標が修正・変更されていた。

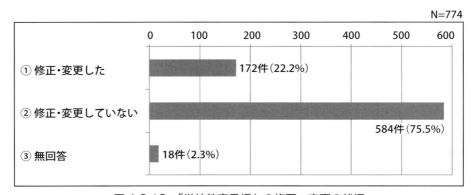

図4-3-12 「学校教育目標」の修正・変更の状況

QⅡ-2 「学校教育目標を踏まえた『育てたい子供像』や『つけたい力』等の児童生徒に育成すべき資質・能力」の修正・変更の状況

「学校教育目標を踏まえた『育てたい子供像』や『つけたい力』等の児童生徒に育成すべき資質・能力」の修正・変更の状況について、図4-3-13の通り2つの選択肢より回答を求めた。「修正・変更していない」と回答した割合が高く、64.1%であった。また、「修正・変更した」と回答した割合は33.9%であり、全体の3分の1程度の学校で、『育てたい子供像』や『つけたい力』等の児童生徒に育成すべき資質・能力」が修正・変更されていた。

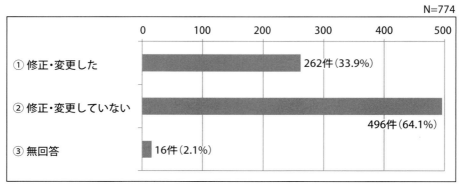

図4-3-13 「学校教育目標を踏まえた『育てたい子供像』や『つけたい力』等の児童生徒に育成すべき資質・能力」の修正・変更の状況

QⅡ-3 「学部（教育）目標」の修正・変更の状況

「学部（教育）目標」の修正・変更の状況について、図4-3-14の通り2つの選択肢より回答を求めた。「修正・変更していない」と回答した割合の方が高く、55.6%であった。一方で、「修正・変更した」と回答した割合は、40.7%であった。

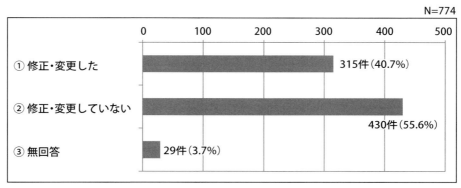

図4-3-14 「学部（教育）目標」の修正・変更の状況

QⅡ-4 「学部(教育)目標を踏まえた『育てたい子供像』や『つけたい力』等の児童生徒に育成すべき資質・能力」の修正・変更の状況について

「学部(教育)目標を踏まえた『育てたい子供像』や『つけたい力』等の児童生徒に育成すべき資質・能力」の修正・変更の状況について、図4-3-15の通り2つの選択肢より回答を求めた。「修正・変更していない」と回答した割合が高く、53.7%であった。一方で、「修正・変更した」と回答した割合は、42.4%であった。

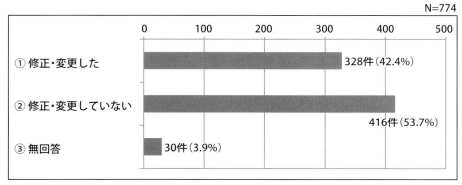

図4-3-15 「学部(教育)目標を踏まえた『育てたい子供像』や『つけたい力』等の児童生徒に育成すべき資質・能力」の修正・変更の状況

QⅢ 教育課程を管理・運営する校内組織の有無

教育課程を運営・管理する校内組織の有無について、図4-3-16の通り4つの選択肢より回答を求めた。最も多かった回答は、教育課程を運営・管理する組織として「学部・学科等の内部と学部・学科等を横断して運営・管理する組織の両方を設置している」と回答した学校で全体の47.0%となっていた。続いて多かったのが、「学部・学科等を横断して運営・管理する組織のみを設置している」と回答した学校で全体の35.0%となっていた。また、「学部・学科等の内部のみを運営・管理する組織を設置している」と回答した学校が全体の14.7%となっていた。

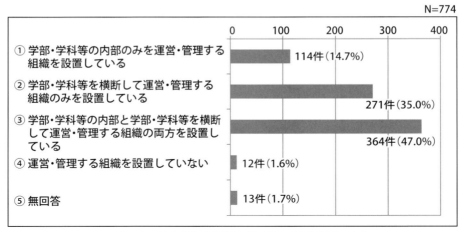

図 4-3-16　教育課程を運営・管理する校内組織の有無

Q Ⅳ　学校全体の教育課程の改善状況

　学校全体の教育課程の改善状況について、図 4-3-17 の通り 6 つの選択肢より回答を求めた。最も多かったのは「おおむね改善されている」と回答した割合で、53.4% となっていた。次いで、「どちらかと言えば改善されている」と回答した割合が 31.8% となっていた。「とてもよく改善されている」と回答した 5.8% を合わせると、全体の約 90% は改善されていると回答していた。

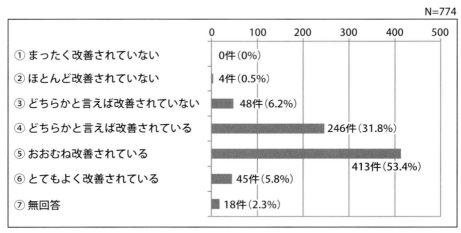

図 4-3-17　学校全体の教育課程の改善状況

Q Ⅴ　学校教育目標→教育内容（何を学ぶか）→指導方法（どのように学ぶか）→学習評価の一体的なつながりをもたせるために、学校として特に工夫している点

　自由記述による回答を求めたところ、351 件の回答が寄せられ、記述内容

のまとまりにより478のセンテンスに分類された。

　これらの回答には、「学校経営の理念・ビジョンの明示」、「全体計画・年間指導計画等の作成や書式の工夫」、「教育課程構造図などの作成による視覚化」、「シラバスや指導内容表の作成」、「教育課程検討委員会の設置」、「教育課程改善をテーマとした研究の実施」、「単元計画レベルでの関連項目の記述や書式の工夫」、「授業改善を中心とした授業研究会の開催」、「学習指導案の工夫」、「個別の指導計画の充実や学習評価・通知表との連動」、「教育課程の編成・実施に関する研修会の実施」等の様々な工夫がみられた。

Q Ⅵ　個別の教育支援計画への合理的配慮の記載状況

　個別の教育支援計画への合理的配慮の記載状況について、図4-3-18の通り4つの選択肢より回答を求めた。最も回答の割合が高かったのは、「合理的配慮の提供に関する特化した項目は設定していないが、合理的配慮の観点を踏まえた記載をしている」の60.1％であった。続いて割合が高かったのは、「合理的配慮の提供に関する特化した項目を設定し、合理的配慮の観点を踏まえた記載をしている」学校であり、20.8％であった。

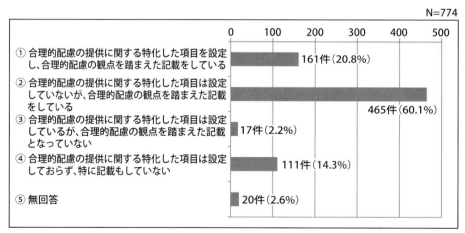

図4-3-18　個別の教育支援計画への合理的配慮の記載状況

③　アンケート調査結果の分析及び考察について

ア．教育課程の編成時と改善時の差異について

　平成27年度の質問設定項目では、教育課程の「編成」と「改善」に関する「規定・マニュアル」について尋ねたが、両者について無回答を除外した上で、クロス集計したものが、表4-3-3である。この結果についてカイ二乗

検定を行ったところ有意差が認められた
（*χ 2=31.626、df=2、p<.001*）。

　教育課程の「編成」と教育課程の「改善」の場合では、手引やルールの明文化や共通理解のなされ方が違うということが表れており、「改善」に関しては、「編成」のときほど明文化されていない状況が明らかとなった。また、校内の手引やルールが共通理解されていないのは、教育課程の「改善」に関するときの方が多かった。

表 4-3-3　教育課程の編成・改善と手引きやルールの明文化や共通理解のクロス集計表

		校内の手引やルールが明文化されている	校内の手引やルールは明文化されていないが，共通理解されている	校内の手引やルールは，特に共通理解されていない	合計
教育課程の編成について	度数	252	452	69	773
	期待度数	210.7	467.2	95.1	773
	割合	32.6%	58.5%	8.9%	100.0%
	調整済み残差	4.7	-1.6	-4	
教育課程の改善について	度数	167	477	120	764
	期待度数	208.3	461.8	93.9	764
	割合	21.9%	62.4%	15.7%	100.0%
	調整済み残差	-4.7	1.6	4	
合計	度数	419	929	189	1537
	期待度数	419.0	929.0	189.0	1537.0
	割合	27.3%	60.4%	12.3%	100.0%

　同様に、平成 27 年度の質問設定項目では、教育課程の「編成」と「改善」に関する「スケジュール」について尋ねたが、無回答を除外した上で、両者をクロス集計したものが、表 4-3-4 である。この結果についてカイ二乗検定を行ったところ有意差が認められた（*χ 2=17.459、df=2、p<.001*）。

　教育課程の「編成」と教育課程の「改善」の場合では、スケジュールの明文化や共通理解のなされ方が違うということが表れており、「改善」に関しては、「編成」のときほどスケジュールが明文化されていない状況が明らかとなった。また、スケジュールが共通理解されていないのは教育課程の「改善」に関するときの割合の方が高かった。

表 4-3-4 教育課程の編成・改善とスケジュールの明文化や共通理解のクロス集計表

		校内のスケジュールが明文化されている	校内のスケジュールは明文化されていないが，共通理解されている	スケジュールは，特に共通理解されていない	合計
教育課程の編成について	度数 期待度数 割合 調整済み残差	342 309.4 44.7% 3.4	360 372.5 47.1% -1.3	63 83.1 8.2% -3.3	765 765 100.0%
教育課程の改善について	度数 期待度数 割合 調整済み残差	276 308.6 36.2% -3.4	384 371.5 50.3% 1.3	103 82.9 13.5% 3.3	763 763 100.0%
合計	度数 期待度数 割合	618 618.0 40.4%	744 744.0 48.7%	166 166.0 10.9%	1528 1528.0 100.0%

イ．教育課程を運営・管理する校内組織による差異について

　続いて、平成 27 年度の質問設定項目で尋ねた「教育課程を運営・管理する校内組織の有無」を軸として「各教科等の年間指導計画の活用状況」や「学校全体の教育課程の改善状況」がどのような関係になっているかを見るためにクロス集計を行った。

　表 4-3-5 は、「教育課程を運営・管理する校内組織の有無」と「各教科等の年間指導計画の活用状況」のクロス集計表である。

表 4-3-5　教育課程を運営・管理する校内組織の有無と各教科等の年間指導計画の活用状況のクロス集計表

		学部・学科等の内部のみを運営・管理する組織を設置している	学部・学科等を横断して運営・管理する組織のみを設置している	学部・学科等の内部と学部・学科等を横断して運営・管理する組織の両方を設置している	運営・管理する組織を設置していない	合計
各教科等の年間指導計画を校内の教職員のみで活用している	度数 割合	125 22.4%	177 31.8%	239 42.9%	16 2.9%	557 100.0%
各教科等の年間指導計画を保護者へ公開している	度数 割合	22 21.0%	39 37.1%	40 38.1%	4 3.8%	105 100.0%
各教科等の年間指導計画を保護者へ公開し、保護者会等で説明している	度数 割合	8 11.4%	22 31.4%	39 55.7%	1 1.4%	70 100.0%
各教科等の年間指導計画を保護者を含めた外部に公開・説明している	度数 割合	8 27.6%	4 13.8%	17 58.6%	0 0.0%	29 100.0%
年間指導計画は特に作成していない	度数 割合	1 14.3%	2 28.6%	2 28.6%	2 28.6%	7 100.0%
合計	度数 割合	164 21.4%	244 31.8%	337 43.9%	23 3.0%	768 100.0%

「各教科等の年間指導計画を保護者を含めた外部に公開・説明している」と回答した 29 校の内、58.6% にあたる 17 校は「学部・学科等の内部と学部・学科等を横断して運営・管理する組織の両方を設置している」と回答していた。同様に、「各教科等の年間指導計画を保護者へ公開し、保護者会等で説明している」と回答した 70 校中、55.7% にあたる 39 校で「学部・学科等の内部と学部・学科等を横断して運営・管理する組織の両方を設置している」状況にあり、全体平均の 43.9% より高くなっていた。

これらのことから、組織内のみならず組織間を跨がって重層的に教育課程を運営・管理する組織を設置している学校ほど、保護者への公開や説明等を核とした年間指導計画の活用等、カリキュラム・マネジメントが積極的に図られている可能性が示唆された。

また、表 4-3-6 並びに表 4-3-7 は、各年度の「教育課程を運営・管理する校内組織」の設置状況と「学校全体の教育課程の改善状況」のクロス集計表である。

平成 27 年度については、教育課程が「とてもよく改善されている」と回答した 34 校中、50% にあたる 17 校が「学部・学科等の内部と学部・学科等を横断して運営・管理する組織の両方を設置している」学校であった。同様に、「おおむね改善されている」と回答した 339 校中、45.6% にあたる 188 校が、「学部・学科等の内部と学部・学科等を横断して運営・管理する組織の両方を設置している」学校となっており、いずれも全体平均である 44.1% を上回る回答比率となっていた。

一方で、「どちらかと言えば改善されていない」と回答した 55 校中、43.6% にあたる 24 校が「学部・学科等を横断して運営・管理する組織のみを設置している」学校であり、全体平均である 31.6% を上回る回答比率となっていた。

このことから、重層的な教育課程を運営・管理する組織を設置している学校の方が、自校の教育課程の改善に関して、より高い評価を行っている可能性が考えられた。

平成 28 年度については、教育課程が「とてもよく改善されている」と回答した 45 校中、42.2% にあたる 19 校が「学部・学科等の内部と学部・学科等を横断して運営・管理する組織の両方を設置している」学校となっており、前年度の 50% に及ばなかったものの、「おおむね改善されている」と回答した 411 校中では、54.3% にあたる 223 校が、「学部・学科等の内部と学部・学科等を横断して運営・管理する組織の両方を設置している」学校となって

おり、全体平均である47.9%を上回っていた。また、「どちらかと言えば改善されている」と回答した244校中、41.4%にあたる101校が、「学部・学科等を横断して運営・管理する組織のみを設置している」学校となっていた。

一方で、「どちらかと言えば改善されていない」と回答した48校中、39.6%にあたる19校が「学部・学科等を横断して運営・管理する組織のみを設置している」学校であり、全体平均である35.8%を上回る回答比率となっていた。

このことからも、重層的な教育課程を運営・管理する組織を設置している学校の方が、自校の教育課程の改善に関して、より高い評価を行っている可能性が考えられた。

表4-3-6 教育課程を運営・管理する校内組織の設置状況と学校全体の教育課程の改善状況のクロス表【平成27年度】

		学部・学科等の内部のみを運営・管理する組織を設置している	学部・学科等を横断して運営・管理する組織のみを設置している	学部・学科等の内部と学部・学科等を横断して運営・管理する組織の両方を設置している	運営・管理する組織を設置していない	合計
まったく改善されていない	度数 割合	0 0.0%	0 0.0%	1 100.0%	0 0.0%	1 100.0%
ほとんど改善されていない	度数 割合	4 57.1%	0 0.0%	2 28.6%	1 14.3%	7 100.0%
どちらかと言えば改善されていない	度数 割合	11 20.0%	24 43.6%	17 30.9%	3 5.5%	55 100.0%
どちらかと言えば改善されている	度数 割合	62 23.8%	72 27.7%	114 43.8%	12 4.6%	260 100.0%
おおむね改善されている	度数 割合	80 19.4%	138 33.5%	188 45.6%	6 1.5%	412 100.0%
とてもよく改善されている	度数 割合	8 23.5%	9 26.5%	17 50.0%	0 0.0%	34 100.0%
合計	度数 割合	165 21.5%	243 31.6%	339 44.1%	22 2.9%	769 100.0%

第 4 章　研究 3　知的障害教育における教育目標と内容・指導方法、学習評価が一体的につながりを持つための工夫の検討

表 4-3-7　教育課程を運営・管理する校内組織の設置状況と学校全体の教育課程の改善状況のクロス表【平成 28 年度】

		学部・学科等の内部のみを運営・管理する組織を設置している	学部・学科等を横断して運営・管理する組織のみを設置している	学部・学科等の内部と学部・学科等を横断して運営・管理する組織の両方を設置している	運営・管理する組織を設置していない	合計
まったく改善されていない	度数 割合	0 0.0%	0 0.0%	0 0.0%	0 0.0%	0 0.0%
ほとんど改善されていない	度数 割合	0 0.0%	0 0.0%	3 75.0%	1 25.0%	4 100.0%
どちらかと言えば改善されていない	度数 割合	10 20.8%	19 39.6%	17 35.4%	2 4.2%	48 100.0%
どちらかと言えば改善されている	度数 割合	41 16.8%	101 41.4%	98 40.2%	4 1.6%	244 100.0%
おおむね改善されている	度数 割合	47 11.4%	138 33.6%	223 54.3%	3 0.7%	411 100.0%
とてもよく改善されている	度数 割合	15 33.3%	11 24.4%	19 42.2%	0 0.0%	45 100.0%
合計	度数 割合	113 15.0%	269 35.8%	360 47.9%	10 1.3%	752 100.0%

　各年度の結果について、「運営・管理する組織を設置していない」と回答した学校を除き、「学部・学科等の内部のみを運営・管理する組織を設置している群」、「学部・学科等を横断して運営・管理する組織のみを設置している群」、「学部・学科等の内部と学部・学科等を横断して運営・管理する組織の両方を設置している群」の 3 群間の比較をノンパラメトリック検定（Kruskal Wallis Test）により行った（表 4-3-8）。

　その結果、平成 27 年度は、特に有意差は認められず（$\chi 2=2.49$、df=2、p=0.29）、平成 28 年度は 5% 水準で有意差が認められた（$\chi 2=7.91$、df=2、p=0.02）。その後の多重比較においては、「学部・学科等を横断して運営・管理する組織のみを設置している群」と「学部・学科等の内部と学部・学科等を横断して運営・管理する組織の両方を設置している群」の間に有意差が認められた。

表 4-3-8　各年度のクラスカル・ウォリス検定結果

		学部・学科等の内部のみを運営・管理する組織を設置している	学部・学科等を横断して運営・管理する組織のみを設置している	学部・学科等の内部と学部・学科等を横断して運営・管理する組織の両方を設置している	合計	検定結果
平成 27 年度	N 平均ランク	165 354.23	243 374.65	339 383.16	747	$\chi 2=2.49$, df=2, p=0.29
平成 28 年度	N 平均ランク	113 364.68	269 348.13	360 391.11	742	$\chi 2=7.91$, df=2, p=0.02

この結果、平成28年度においては、「学部・学科等の内部と学部・学科等を横断して運営・管理する組織の両方を設置している群」の方が、より教育課程の改善が図られていると回答していることが明らかとなった。この結果の背景として、図4-3-19に示す通り、両年度とも教育課程を運営・管理する組織として「学部・学科等の内部と学部・学科等を横断して運営・管理する組織の両方を設置している」学校の割合が最も高くなっているものの、経年比較では平成28年度に入り、「学部・学科等の内部と学部・学科等を横断して運営・管理する組織の両方を設置している」学校や「学部・学科等を横断して運営・管理する組織のみを設置している」学校の割合が若干、増加しており、一方で「学部・学科等の内部のみを運営・管理する組織を設置している」と回答した学校が減少傾向にあったことがあげられる。平成28年度の多重比較では、「学部・学科等を横断して運営・管理する組織のみを設置している群」と「学部・学科等の内部と学部・学科等を横断して運営・管理する組織の両方を設置している群」の間に有意差が認められていることから、「学部・学科等を横断して運営・管理する組織のみを設置している群」では、学部・学科等の内部の教育課程実施状況を細やかに把握しきれていないことや学校全体の教育課程改善に係る方針等が十分に学部・学科等の内部にまで浸透しきれていないことなどが推察される。

　いずれにしても、特別支援学校（知的障害）の全体的な状況としては、重層的な教育課程の運営・管理組織を設置したり、学校全体を俯瞰する教育課程の運営・管理組織を設置したりして、教育課程の改善につなげようとしている状況が伺えた。

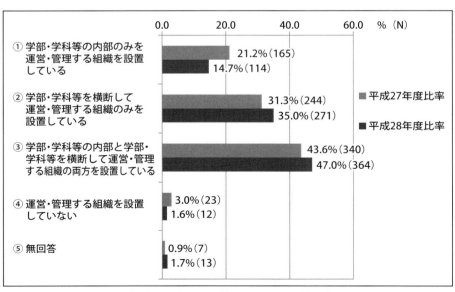

図4-3-19　教育課程を運営・管理する校内組織の有無について

ウ．教育目標等の見直し（検討）及び修正・変更の状況について

　平成 28 年度の調査項目において教育目標や教育目標を踏まえた「育てたい子供像」、「つけたい力」等の児童生徒に育成すべき資質・能力の見直し（検討）の状況と修正・変更の状況について質問を行った。各項目について一覧にまとめると、表 4-3-9 及び表 4-3-10 の通りとなる。

　教育目標等の見直しについて、どの項目においても最も回答比率が高いものは、「毎年見直し（検討）を行っている」とした回答であった。この点に着目して項目間の関係を見てみると、「学校教育目標」よりも「学校教育目標を踏まえた『育てたい子供像』や『つけたい力』等の児童生徒に育成すべき資質・能力」の見直し（検討）の比率が高くなっており、それよりも「学部（教育）目標」の見直し（検討）の比率が高くなっているという関係にあった。「学部（教育）目標を踏まえた『育てたい子供像』や『つけたい力』等の児童生徒に育成すべき資質・能力」の見直し（検討）の比率は、若干、低くなっているものの、そのような資質・能力を設定していない学校がある状況を勘案すると、下部組織に位置づく資質・能力や目標ほど、見直しや検討が図られている状況が明らかとなった。

　また、教育目標等の修正・変更の状況について見てみると、どの項目においても最も回答比率が高いものは、「修正・変更をしていない」とした回答であった。一方で、「修正・変更した」と回答した比率の増減について項目間の関係を見てみると、「学校教育目標」よりも「学校教育目標を踏まえた『育てたい子供像』や『つけたい力』等の児童生徒に育成すべき資質・能力」の修正・変更の比率が高くなっており、それよりも「学部（教育）目標」の修正・変更の比率が高くなっているという関係にあった。更にそれよりも「学部（教育）目標を踏まえた『育てたい子供像』や『つけたい力』等の児童生徒に育成すべき資質・能力」の修正・変更の比率が最も高くなっていることから、下部組織に位置づく資質・能力や目標ほど、実際に修正・変更が図られている状況が明らかとなった。

表 4-3-9　教育目標等の見直し（検討）の状況

	学校教育目標の見直し（検討）の状況	学校教育目標を踏まえた「育てたい子供像」や「つけたい力」等の児童生徒に育成すべき資質・能力の見直し（検討）の状況	学部（教育）目標の見直し（検討）の状況	学部（教育）目標を踏まえた「育てたい子供像」や「つけたい力」等の児童生徒に育成すべき資質・能力の見直し（検討）の状況
①数年おきまたは学校としての節目となる機会に見直し（検討）を行っている	30.9% （239 件）	24.0% （186 件）	14.2% （108 件）	13.6% （105 件）
②毎年見直し（検討）を行っている	53.5% （414 件）	65.8% （509 件）	77.9% （603 件）	74.9% （580 件）
③学期毎に見直し（検討）を行っている	0.3% （2 件）	0.7% （5 件）	0.6% （5 件）	1.7% （13 件）
④特に見直し（検討）は行っていない	13.3% （103 件）	6.9% （53 件）	4.5% （35 件）	4.5% （35 件）
⑤設定していない	0.7% （5 件）	1.3% （10 件）	1.0% （8 件）	3.6% （28 件）
⑥無回答	1.4% （11 件）	1.4% （11 件）	1.9% （15 件）	1.7% （13 件）
合計	100% （774 件）	100% （774 件）	100% （774 件）	100% （774 件）

表 4-3-10　教育目標等の修正・変更の状況

	学校教育目標の見直し（検討）の状況	学校教育目標を踏まえた「育てたい子供像」や「つけたい力」等の児童生徒に育成すべき資質・能力の見直し（検討）の状況	学部（教育）目標の見直し（検討）の状況	学部（教育）目標を踏まえた「育てたい子供像」や「つけたい力」等の児童生徒に育成すべき資質・能力の見直し（検討）の状況
①修正・変更した	22.2% （172 件）	33.9% （262 件）	40.7% （315 件）	42.4% （328 件）
②修正・変更していない	75.5% （584 件）	64.1% （496 件）	55.6% （430 件）	53.7% （416 件）
③無回答	2.3% （18 件）	2.1% （16 件）	3.7% （29 件）	3.9% （30 件）
合計	100% （774 件）	100% （774 件）	100% （774 件）	100% （774 件）

エ．学校教育目標→教育内容（何を学ぶか）→指導方法（どのように学ぶか）→学習評価の一体的なつながりをもたせるために、学校として特に工夫している点について

　各学校から寄せられた自由記述の回答の傾向や、具体的に挙げられた工夫等の内容が、どのような要素としてまとまりをなしているかについて分析することを目的に、計量テキスト分析を行った。

　具体的には、351件の回答を478のセンテンスに分類した上でテキストマイニングソフト「KhCoder」を用いて、出現回数順に150語（形態素で分類）を一次抽出した。その後、上位3分の1（出現頻度10回）の語についてクロス表を作り、単語を合成した上で、該当する単語を強制抽出語として指定し、再度、「KhCoder」を用いて、出現回数順に150語（形態素で分類）を抽出した。抽出された語については、表4-3-11の通りである。

表4-3-11　抽出された語と出現回数

抽出語	出現回数	抽出語	出現回数	抽出語	出現回数	抽出語	出現回数	抽出語	出現回数
作成	91	学校	14	様式	8	単元計画	6	記す	4
教育課程	83	シート	13	力	8	独自	6	及ぶ	4
設置	69	教育	13	カリキュラム	7	把握	6	月間	4
授業	52	校内研究	12	システム	7	部会	6	検証	4
指導計画	42	授業研究	12	テーマ	7	キャリア発達	5	見る	4
研究	40	学校教育	11	プラン	7	グループ	5	個別	4
実施	38	研修	11	一体化	7	学校評価	5	個別教育	4
授業改善	36	視点	11	観点	7	学習内容	5	工夫	4
評価	35	開催	10	共通	7	共有	5	冊子	4
学部横断	34	教育支援	10	具体	7	教務	5	姿	4
計画	33	編成	10	向上	7	経営	5	支援計画	4
個別	32	デザイン	9	項目	7	研究授業	5	主事	4
設定	32	一貫	9	参観	7	交流	5	重点	4
活用	31	会議	9	取組	7	公開授業	5	全校研究	4
学部	29	学習	9	授業公開	7	支援	5	組織	4
会	28	活動	9	図	7	実態	5	段階	4
検討	22	関連	9	図る	7	充実	5	通知	4
目標	22	記載	9	推進	7	重視	5	年	4
指導	21	系統	9	専門	7	生徒	5	年間	4
改善	20	構造	9	全校	7	全体計画	5	年間計画	4
教科	20	単元	9	明確	7	担当	5	反映	4
検討委員	20	定期	9	理解	7	提示	5	本校	4
キャリア教育	19	年間指導	9	キャリア	6	発達段階	5	毎年	4
型	19	連携	9	チーム	6	方法	5	目指す	4
研究組織	17	グランド	8	課題	6	チェック	4	例	4
見直し	16	基づく	8	実践	6	プログラム	4	カリキュラム全体	3
指導内容	16	取り組む	8	週間	6	プロジェクト	4	サイクル	3
表	16	小中	8	重点目標	6	ミーティング	4	ステップ	3
行う	15	中心	8	職員	6	横断	4	ファイル	3
委員	14	内容	8	全体構造	6	管理	4	プランニング	3

第3節　全国特別支援学校知的障害教育校長会「情報交換アンケート」調査

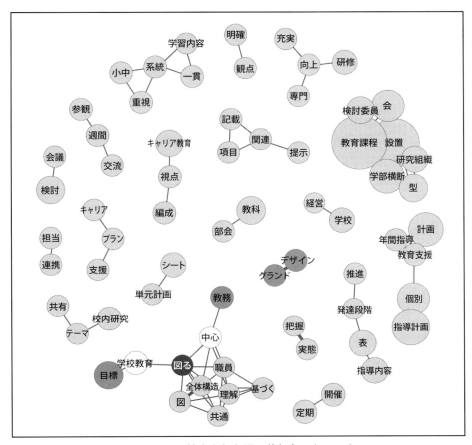

図 4-3-20　抽出された語の共起ネットワーク

　このデータを用いて、語と語の関連の強さを表す図である共起ネットワークを作成した（図4-3-20）。また、共起ネットワークの作成結果を基に、この図の解釈を行うことで、全体で8つの要因を導き出した。なお、要因の解釈に当たっては、KWIC（Key Word In Context）コンコーダンスの機能を用いてローデータを参照しながら解釈を行った。KWICコンコーダ機能とは、テキスト（今回の場合、

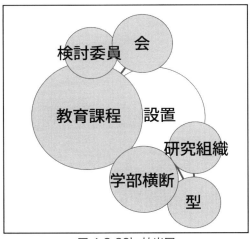

図 4-3-20'　抽出図

第 4 章 研究 3 知的障害教育における教育目標と内容・指導方法、学習評価が一体的につながりを持つための工夫の検討

表 4-3-12 KWIC コンコーダンス機能による検索結果

学部横断型の教育課程検討会議、研究推進会議を	設置
作業学習における学部横断委員会の	設置
学校課題検討委員会の	設置
教育課程検討委員会の	設置
教育課程検討委員会を	設置
学部横断型の研究組織の	設置
授業づくりを核とした全校研究組織の	設置
教務主任を中心に、各学部主事も参加する教育課程編成組織の	設置
教育課程検討委員会の	設置
研究部を	設置
教育課程研究組織の	設置
教育過程検討委員会	設置
学部横断的な教育課程研究部の	設置
学部を横断した教科会の	設置
個別の指導計画改善委員会	設置
学部横断型の教育課程編成組織を	設置
キャリア発達支援室（小中高一貫教育の中核）を	設置
教育課程検討委員会の	設置
全校教育課程検討委員会の	設置
学部横断型の教育課程委員会の	設置
３学部全体を見渡す教育課程委員会の	設置

自由記述回答文）の中にキーワードがどのような用いられ方をしているのか
を一覧にして示す機能である。具体的に、図 4-3-20 の右上部分に位置する共
起ネットワークを取り出した図 4-3-20'をもとに解釈の例示を行うと、「設置」
というキーワードを取り上げて、KWIC コンコーダンス機能を用いることで、
表 4-3-12 が作出される。この表からも分かる通り、様々な取組や検討を行う
「場」が設置されていることが工夫の一つとして解釈できる。これについては、
「場作り」の要因と命名した。このように可能な限り、恣意性を排除しながら、
総合的な要因の解釈を行うことで、8 つの要因を導き出した。要因名とその
解釈については、表 4-3-13 に示す通りである。

　これらの工夫は、「学校教育目標」から「教育内容（何を学ぶか）」へのつ
ながりや、更に「指導方法（どのように学ぶか）」や「学習評価」へのつな
がりの工夫として尋ねた項目であるが、知的障害のある児童生徒の実態の多
様性等を背景に、全体として教育課程の弾力的な運用や柔軟な対応が可能と
なる学習指導要領等の示し方がなされていることを生かした特別支援学校
（知的障害）ならではのカリキュラム・マネジメント上の工夫と捉えること

ができた。

　各要因については、相互に関連し合うものであるため、截然と区別しにくい側面もあるが、これらの要因から各校のカリキュラム・マネジメントが実際に展開されており、更にこれらの要因をより明確に意識することでカリキュラム・マネジメントを促進していくことが可能であると考えられた。

表 4-3-13　一体的なつながりをもたせるための工夫要因

要因	要因の具体についての解釈
① ビジョン（コンセプト）作り	どのような目的のもとに，どのような意図や方針をもって取組や検討等を行うのかを明確にする工夫
② スケジュール作り	「いつ」の時期（日付やタイミング等）に取組や検討等を行うのかを明確にする工夫
③ 場作り	「どこで」に関わる取組や検討等を行う「場」を明確にする工夫
④ 体制（組織）作り	「誰が」に関わる取組や検討等を行う参加者や参加組織を明確にする工夫
⑤ 関係作り	「誰と」や「人と人」，「組織と組織」，「項目と項目」，「事項と事項」等の関係の在り方に関する工夫
⑥ コンテンツ作り	結果としてつくり出される内容物等に関する工夫
⑦ ルール作り	「どのように」に関わる取組や検討等のルールそのものやルール作りに関する工夫
⑧ プログラム作り	より具体的な取組や検討等の事項に関する工夫

第４章　研究３　知的障害教育における教育目標と内容・指導方法、学習評価が一体的につながりを持つための工夫の検討

第4節 研究協力機関の「一体的つながり」に関する取組状況

① 方法

　研究協力機関を対象として、各特別支援学校では、どのような工夫を行うことで教育目標と教育内容、指導方法、学習評価に一体的なつながりを持たせようとしているのかについて聞き取り調査を行った。

　なお、聞き取り調査を行う際に、図1-1-1に示した「育成すべき資質・能力を踏まえた知的障害教育における一体的な教育課程編成の構造図（仮説）」を基に、「育てたい力」、「何を学ぶか」、「どのように学ぶか」、「学習評価の充実」の４項目をカリキュラム・マネジメントの中核となる項目として念頭に置いて聞き取りを行った。また、「育てたい力」、「何を学ぶか」、「どのように学ぶか」、「学習評価の充実」の４項目に直接該当する取組をどのように行っているかを聞き取ると同時にそれぞれの項目を一体的に関連づけていくために、各研究協力機関でどのような取組を行っているかについて聞き取りを行った。

② 結果

　各研究協力機関から実際に聞き取った内容は表4-4-1に示す通りである。尚、各研究協力機関からの聞き取りの内容をもとにした結果について以下のア〜エの４つの柱で整理する。それぞれの柱の意味と結果の概略は、以下の通りであった。

ア 主に「育てたい力」と「何を学ぶか」をつなぐ工夫【a⇔b】

　この柱は、学校教育目標のもとに「育てたい力」を設定し、各教科等の中で「何を学ぶか」について具体化していく際の工夫に関する柱である。

　（ア）　学校の教育活動全体についての計画（グランドデザイン、キャリア教育全体計画等）を立て、「育てたい力」の具現化を図る道筋を示す。

　（イ）　各教科等の年間指導計画を作成し、「育てたい力」と「何を学ぶか」の関連を明らかにする。

　（ウ）　個別の教育支援計画に児童生徒や保護者の願いを基にした目指す姿

を設定し、キャリア教育の４能力領域と関連付けた上で、各種の指導の形態の中で目標・内容を具体化する。

（エ）「つけたい力表」、「単元構成表」、「単元系統表」を作成し、「育てたい力」から「何を学ぶか」までが各学部内や各学部間を通して連続性を持つように工夫する。

（オ）教育課程検討会議や教育課程委員会等の会議や委員会を設置し、各学部等の実態や課題等を把握する中で、学校教育目標の実現に向けた教育課程の在り方について検討を行う。

（カ）研究推進検討委員会等の研究組織等を設置し、教育課程に関する研究を学校経営の柱として位置付け、学校教育目標の実現に向けた教育課程編成の在り方やその具体的展開についての研究を行う。

イ　主に「何を学ぶか」と「どのように学ぶか」をつなぐ工夫【b ⇔ c】

この柱は、各教科等の中で「何を学ぶか」について検討し、明らかにしたことを「どのように学ぶか」とつなげて具体化していくための工夫に関する柱である。

（ア）「授業づくりの視点」、「授業の振り返りの視点」を学校として統一して定め、効果的・効率的に学べるようにする。

（イ）年間指導計画や単元計画、学習指導案のレベルで観点別学習状況の評価の４観点を軸とした「評価規準」を設定することにより、学習の到達状況を検証するために、具体的にどのような学び方が重要であるかを考えられるようにする。

（ウ）「授業改善シート」や「授業改善の記録」を活用し、「何を学ぶか」と「どのように学ぶか」をつなぐための効果的な指導方法や学習環境設定に関する検証を行う。

（エ）各教科等の年間指導計画や全体計画において「指導方法」を明記することにより、「何を学ぶか」と「どのように学ぶか」をつなげる。

（オ）「研究授業」と「授業研究会」を実施する中で、「何を学ぶか」と「どのように学ぶか」をつながりについて意見を交換し、検証する。

ウ　主に「どのように学ぶか」と「学習評価の充実」をつなぐ工夫【c ⇔ d】

この柱は、各教科等を「どのように学ぶか」ということを想定した上で、学んだことをどのように評価するのか「学習評価の充実」へとつなげていくための工夫に関する柱である。

（ア）　「年間指導計画」レベルにおいて観点別学習状況の評価の４観点に基づき、「関心・意欲・態度」「思考・判断・表現」「技能」「知識・理解」の評価規準を設定して評価を行う。

（イ）　「単元計画」レベルにおいて、観点別学習状況の評価の４観点に基づき、「関心・意欲・態度」「思考・判断・表現」「技能」「知識・理解」の評価規準を設定して評価を行う。また、「単元計画」レベルにおいて、指導方法と一体的に評価方法を示す。

（ウ）　「個別の指導計画」レベルにおいて、観点別学習状況の評価の４観点に基づき、「関心・意欲・態度」「思考・判断・表現」「技能」「知識・理解」の評価規準を設定して評価を行う。

（エ）　「学習指導案」や「学習指導略案」、「日々の授業記録」レベルにおいて、観点別学習状況の評価の４観点に基づき、「関心・意欲・態度」「思考・判断・表現」「技能」「知識・理解」の評価規準を設定して評価を行う。

（オ）　ルーブリック表を作成して評価を行う。

（カ）　「学習の記録」や「活動日誌」をポートフォリオとして一冊のファイルにまとめ、評価を行う。また、活動日誌を振り返ることで言語活動を促進し、その状況を学習評価と結びつける。

（キ）　「主体的に取り組む態度の育成（自学自習の姿勢)」や「生活の中での実現度」といった独自の視点から評価を行う。

（ク）　「授業評価の仕組」と児童生徒の「学習状況の評価の仕組」を重層的に実施する仕組みを構築する。

（ケ）　「授業づくりの視点」そのものを「学習評価の視点」と一体化させる。

（コ）　アクティブ・ラーニング検討委員会を組織し、特別支援教育におけるアクティブ・ラーニングについて共通理解を図ると同時にその評価についての検討を行い、評価につなげる。

エ　主に「学習評価の充実」から「育てたい力」へとつなぐ工夫【d⇔a】

　この柱は、「学習評価の充実」により、児童生徒に対して評価の内容を一人一人に還元していくことは、通知表や個別の指導計画の評価等により行われているものの、「育てたい力」を再度見直すための取組が少ない状況に鑑み、そこへとつなげるための工夫に関する柱として設定したものである。

（ア）　日々の授業レベルでの個々の学習状況の評価を単元レベルでの評価へとつなぐと同時に単元計画そのものの評価を行い、「育てたい力」

の検討へと結びつける。

（イ）　一つ一つの単元計画レベルでの評価を集約して、年間トータルでの各教科等の計画の評価を行い、「育てたい力」の検討へと結びつける。

（ウ）　各教科等における年間計画レベルでの「育てたい力」の改善を視野に入れた研究活動を行ったり、教科担当者会を実施したりする。

（エ）　「育てたい力」の学部間の系統性の在り方について全教職員で協議を行う。

（オ）　個々の児童生徒の学習状況の評価等を基にしつつも、教職員に対して教育課程に関するアンケートを実施し、課題等の吸い上げを図る中で「育てたい力」の検討を図る。

第4章　研究3　知的障害教育における教育目標と内容・指導方法、学習評価が一体的につながりを持つための工夫の検討

表4-4-1　各研究協力機関の一体的つながりに関する取組状況

	学校教育目標と教育課程編成の特徴 ・学校教育目標、目指す児童生徒像、育てたい力
千葉県立特別支援学校流山高等学園	【学校教育目標】 一人一人の障害の状態や能力・特性に応じ、社会自立・職業自立に必要な基礎・基本の定着を図るとともに生きる力を育成し、個性が輝く教育を推進する。 ・この学校教育目標を基に、特に社会自立・職業自立のためにどのような力をどのように育成するのかについて日々の授業に具体化していくことを考えている。 【育てたい生徒像】 高等学園に学ぶことを誇りに思う生徒、進んで挨拶し、決まりを守る意識の高い生徒、相手を思いやる心を持ち、ともに支え合う生徒、働くことに価値を見出し、喜びを感じる生徒、あせらず、あきらめず、ひたむきに努力する生徒。 【教育課程編成の特徴】 ・職業学科を置く高等部単独の特別支援学校として、社会自立、職業自立を目指す教育の充実を図る。 ・教育課程は、各コースとも、職業教育科目と教科別の学習と総合的な学習と道徳、HR、自立活動、学校設定教科（キャリアベーシック・キャリアチャレンジ）からなっている。
広島県立庄原特別支援学校	【学校教育目標】 一人一人の特性に応じた教育を行い、その可能性を最大に伸ばし、社会参加や自立につながる生きる力を育てる。 【育てたい子供像】 知：学習活動を通して、自ら学び伸びようとする子供。　　　徳：人との関わりの中で、他者を尊重する心を持つ子供。 体：健康で安全に生活できる知識と体力を身につけた子供。　言語活動：理解できる言葉を多く持ち、自分の意思を伝えるスキルを身に付けている子供。 【教育課程編成の特徴】 ・知的障害特別支援学校であることから、指導の形態は各教科等を合わせた指導が効果的と考えている。学部が上がるにつれて教科や作業学習を増やし構成している。 ・小学部では「日常生活の指導」「遊びの指導」「生活単元学習」の3つを主とした構成にしている。 ・中学部では「日常生活の指導」「生活単元学習」「作業学習」の3つを主とした構成にしている。 ・高等部では単一障害学級において、生徒の実態に応じた学習ができるように2つの類型を実施している。類型の違いは生活単元学習、作業学習の時数の違いである。類型1は応用的な内容、類型2は基礎的な内容となっている。また、平成28年度より、個々の生徒の興味・関心や技能の状況に応じた、きめ細かい指導ができるよう、国語、数学、作業学習（学年）を課題別として展開している。
愛媛大学教育学部附属特別支援学校	【学校教育目標】 ・たくましく生きぬく力をもつ子どもの育成～全ての子どもの自立と社会参加、就労の実現を目指す～ 【育てたい力と「育成すべき資質・能力」の関係について】 ・「育てたい力」を明らかにするために、キャリア教育の視点から「育成することが期待される能力・態度」を一つの物差しとしてきた。今後新しい時代に必要となる「育成すべき資質・能力」との「関連性」と「相違点」を明確にして整理していきたいと考えている。 ・本校の授業づくりにおいて子どもに発揮してほしいと考えてきた「内面の働く確かな学びの姿　5つの規準」をもとに具体化を図ることで知的障害がある児童生徒に育成すべき資質能力の視点として生かしていけると考えている。 【育てたい力について】 ・身に付けたい力（4観点設定の趣旨）を整理している。この趣旨に沿って評価規準を設定している。 【教育課程編成の特徴】 ・「各教科等を合わせた指導」を中心に編成されている。知的障害のある児童生徒が自立し社会参加する力（生きる力）を育てる上で、領域・教科の枠組みを超えた、生活そのものを素材とした学習を展開することが最も有効であるという考え方に立つ。 ・合わせた指導については、ねらいや目標の不明瞭な教育活動に陥る可能性や目標に即した適切な活動の選択ができているかどうかの評価が曖昧であることが課題であったため、「授業づくりの3つの柱」を設定した授業改善に取り組んできた。教育課程の改善という点から、一貫性、系統性のもと、「育てたい力」をより確かに育成するための検討を今後継続していく。
長崎県立鶴南特別支援学校	【学校教育目標】 児童生徒が自己の能力や個性を発揮し、一人一人がそれぞれの自己実現と社会参加を図るために必要な知識・技能・態度及び習慣を育成する。 【目指す児童生徒像】 　①健康な心と体をつくる児童生徒　　　　　②感情豊かに表現し、意欲的に行動する児童生徒 　③自他を大切にする、協調性豊かな児童生徒　④目標をもち、学び続ける児童生徒 【教育課程編成の特徴】 ・平成26年度は、現行の教育課程を小～高までの12年間の学習の道筋として捉え直し、内容の整理や教育課程の表記の仕方についての具体的な改善策を明らかにしてきた。 ・平成27年度は、これまで研究を進めてきた、内容の整理や教育課程の表記の仕方についての具体的な改善策を実際に試行し、研究授業等を通して検証した。 ・国語科、算数科・数学科のみを扱い、今後、他教科や他領域にも応用しつなげていくことも考えている。
鹿児島大学教育学部附属特別支援学校	【学校教育目標】 自分のもつ能力や可能性を最大限に伸ばし、共に生きる力を身に付け、家庭生活や社会生活を可能な限り自立的に営み、社会参加できる人間性豊かな児童生徒を育成する。 【育てたい力】 学校教育目標や新しい時代に育成すべき資質・能力との関連を基に、「本校の児童生徒に育てたい資質・能力」として、次の四つに整理した。 ・基礎・基本：一人一人が各教科等における基礎的・基本的な知識や技能を身に付けること ・主体性：一人一人が学習の主体者として、進んで学習活動等に取り組むこと ・思考・判断・表現：一人一人が、今やこれまでの学習で身に付けた力を適切に選択したり、組み合わせたりしながら思考、判断して、課題を解決し、それを自分なりの方法で表現すること ・人間関係：共に学ぶ仲間と適切に関わりながら学習活動に参加することや、学習活動を通して一人一人が身に付けている力を発揮し合いながら課題を解決したり、互いの力を更に高め合ったりすること 【教育課程編成の特徴】 ・学校教育目標に基づき、教育活動計画、全体計画、学部経営案、指導の形態ごとの単元（題材）一覧表及び年間指導計画を作成し、児童生徒一人一人の「生きる力」をはぐくむ教育課程を編成している。 ・各教科等を合わせた指導を軸とし、それらで行う学習について相互に補足・発展する位置づけとして教科別及び領域別の指導を設定している。そのため、指導の形態相互の関連を大切にした年間指導計画を作成している。

第4節　研究協力機関の「一体的つながり」に関する取組状況

表 4-4-2　各研究協力機関の一体的つながりに関する取組状況

	ア　主に「育てたい力」と「何を学ぶか」をつなぐ工夫について【a⇔b】
千葉県立特別支援学校流山高等学園	・全教科について，年間指導計画を作成している。 ・年間指導計画は当該学年（生活年齢）において必要な学習内容を授業回数分に分けて落とし込んだものとなっている。 ・「普通教科」では，年間指導計画において，全ての授業の目標・内容・4観点での評価規準を明記している。
広島県立庄原特別支援学校	・学習指導要領の内容を反映した単元系統表，単元構成表を作成している。 ・単元系統表及び単元構成表は，各教科等を合わせた指導については合わせた教科の内容を全て網羅して作成している。 ・単元系統表及び単元構成表の目標には，学習指導要領の内容の段階等を示している。 ・単元系統表及び単元構成表を基に，学習指導要領の内容を反映させて系統性を考慮した指導内容の整理を行っている。 ・単元系統表及び単元構成表の基になっているのは，学校の「育てたい子供像」「学部教育目標」，また，育成すべき資質・能力から導き出された「単元でつけたい力」である。 ・単元系統表及び単元構成表を基に，年間指導計画や単元計画を作成している。
愛媛大学教育学部附属特別支援学校	・基本的には，各部・学年の生活にふさわしいねらいに沿った内容が計画されているかどうかを示すものと考えて年間指導計画を作成している。 ・年間指導計画を作成する際の基準として，キャリア教育の4能力領域の再構成を行い，各部・学級において取り扱いたい観点・指導内容の系統性を明らかにするための視点としている。 ・各学級・部単位で，朝の運動・生活単元学習・作業学習・音楽・体育・総合的な学習の時間について，それぞれＡ4サイズ1枚に年間指導計画をまとめて冊子にしている。各月の実施単元，ねらい及び学習内容，時数等の目安を示した内容で構成している。 ・個別の教育支援計画については，児童生徒・保護者の願いを基にした目指す姿を設定し，そのために「育てたい力」をキャリア教育4能力領域に沿って検討する。その上で，各指導の形態（日常生活の指導，遊びの学習，生活単元学習，作業学習等）における目標・内容を具体化している。
長崎県立鶴南特別支援学校	・平成26年度の校内研究で明らかになった教育課程編成上の課題と改善策から，学習内容の系統性の観点を中心に，内容の選択，配置，教育課程表での表記の仕方などを学部間で統一し，次年度の教育課程編成に生かしている。 ・実際の授業において教育課程の系統性が反映されているのか，または系統性のある授業実践とはどのようなものであるのかを探るために，小学部，中学部，高等部それぞれにおいて算数科・数学科の「図形」を題材として各部1授業の研究授業を行った。 ・授業研究会では，各学部の授業を比較し分析することで小学部段階から高等部段階，社会的自立の段階へといった長期のながれとしての学習の系統性のあり方について全職員で協議を行った。 ・単元表（単元計画）は各学部が作成している。 ・単元そのものの構成に関する評価は，単元が終わった際に，学年会や学習グループで行っている。
鹿児島大学教育学部附属特別支援学校	・各教科等年間単元（題材）一覧表を作成している。 ・各教科等のすべての単元（題材）について，モデルとなる指導計画を作成しており，各単元（題材）で育てたい力やそのための学習活動の例を示すことで，各年度における具体的な単元（題材）指導計画の立案の資料としている。 ・全体計画（全15項目）の各項目の内容に関連する育てたい力を，各教科等や各学部段階でどのように扱うようにするか整理して示している。 ・各学部の経営目標や方針を共通したフォーマットを用いたグランドデザインとして整理するともに，各指導の形態を通して育てたい力や指導の方針を示している。

179

第 4 章　研究 3　知的障害教育における教育目標と内容・指導方法、学習評価が一体的につながりを持つための工夫の検討

表 4-4-3　各研究協力機関の一体的つながりに関する取組状況

イ　主に「何を学ぶか」と「どのように学ぶか」をつなぐ工夫【b ⇔ c】	

千葉県立特別支援学校流山高等学園	・育成すべき能力や態度（基礎的・汎用的能力）として、「人間関係・社会形成能力」、「自己理解・自己管理能力」、「課題対応能力」、「キャリアプランニング能力」をキャリア教育全体計画の中に位置付けている。 ・ST 学習（総合的な学習の時間：ST は Step Stage の略）がある。 ・ST 学習、学校設定科目、普通教科全ての授業でアクティブ・ラーニング的な実践を試行錯誤中。生徒にどのような力を育てるのか、生徒の実態のアセスメント、指導のねらいや学習評価がまだ曖昧で課題となる部分も若干認められる。
広島県立庄原特別支援学校	・生活単元学習、総合的な学習の時間、作業学習等で自分で考えたり集団で話し合ったりする中で課題発見・課題解決に取り組んでいる。 ・より社会的な体験学習を行い、校内で学習した知識や技能等を実践の中で生かしている。 ・単元計画の様式（指導内容、時数、授業形態）について、「生活の中での実現度」の視点で評価を行っている。 【ゆるるの森づくり】 ・実践例である高等部作業学習「ゆるるの森づくり」事業では、この活動を通して、本校高等部生徒が働くことや社会貢献することの大切さを理解し、職業自立等に向けた力の育成を行う。また、異年齢の大学生や大人との協働作業を通してコミュニケーション能力や社会的スキルの向上を図る（事業目標より）。更に大学、管理センターとの協働作業、実際に公園という公共機関で作業を行うことで、実社会からの学びが促され学習意欲が喚起される。この他にも以下の効果が見られる。 ・校内で学習した作業に必要な技能、態度を実践の場で生かすことができる。 ・毎回、活動日誌をつけて活動を振り返ることで、言語活動（思考力、判断力、表現力）が促進される。 ・「協議―まとめ―発表」という一連の活動により、言語活動（思考力、判断力、表現力）が促進される。生徒自身が課題解決について検討することで、自分で学習に見通しをもつことができる。 ・大学生と一緒に協議（KJ 法）を行うことで、協働的な学びができる。
愛媛大学教育学部附属特別支援学校	・学校の教育目標に迫るために、「関心・意欲・態度」「思考・判断・表現」「技能」「知識・理解」4 観点から「身に付けたい力」を設定し、「キャリア 4 能力領域と観点別学習評価の 4 観点の関連表（試案）」に基づいて、各学習形態あるいは単位時間毎の評価規準へ具体化している。 ・「育てたい力」を明らかにするために、キャリア教育の視点から「育成することが期待される能力・態度」を一つの物差しとしてきた。 ・「子どもが主体的に課題解決に取り組む授業」を内面（意識・意欲・主体性）の育ちを支援する授業と位置づけ、①人との関係の中で②思考を働かせて③見通しをもって④正しい（通用する）方法で⑤役割を意識し、という 5 つの規準で子どもが自ら気付き行動を起こす授業を実践する。
長崎県立鶴南特別支援学校	・校内研究として、国語科と算数科・数学科において系統性のある教育課程について、平成 26 年度より 2 か年計画で取り組んだ。平成 27 度は、平成 26 年度の教育課程の内容と表記について、学部内または学部間の系統性が示されたものになっているのかについての分析作業を中心に行った。 【研究テーマ】 「小学部から高等部までの系統性のある教育課程の在り方～国語科、算数科・数学科に焦点を当てて～」 ・平成 26 年度は、現行の教育課程を小～高までの 12 年間の学習の道筋として捉え直し、内容の整理や教育課程の表記の仕方についての具体的な改善策を明らかにしてきた。 ・平成 27 年度は、これまで研究を進めてきた、内容の整理や教育課程の表記の仕方についての具体的な改善策を実際に試行し、研究授業等を通して検証した。 ・国語科・算数科・数学科のみを扱う。 ・今後、他教科や他領域にも応用しつなげていくことも考えている。 ・アクティブ・ラーニングについて検討委員会を組織し、共通理解を図った。そして、研究授業を行い全職員からアクティブ・ラーニングの視点で 1 時間の授業を振り返り意見を募った。振り返りの視点は以下の 5 点を中心に行った。 　① 授業の中で児童は能動的に活動できたか。 　② 特別支援教育のアクティブ・ラーニングをどう考えるか。 　③ 能動的ということをどのようにとらえるか。 　④ アクティブ・ラーニングを行ったときの評価をどのように行うか。 　⑤ その他。
鹿児島大学教育学部附属特別支援学校	・「本校の児童生徒に育てたい資質・能力」との関連を明確に示した単元（題材）指導計画（本校では「授業計画シート」と呼んでいる。）を作成し、授業実践で生かすことができるようにしている。具体的には、「本校の児童生徒に育てたい資質・能力」を、「基礎・基本」と「汎用的能力（『主体性』、『思考・判断・表現』、『人間関係』）に大別し、これらを具体的にどのような学習活動を通して育もうとするか、示すことができるようにしている。 ・上記の汎用的能力については、児童生徒の学習過程に注目することの必要性を指摘した先行研究を基に、授業における学習活動の設定の在り方が重要であると考え、次の三つを「汎用的能力を育む視点」として、学習活動を設定する際に意識できるようにした。 ① 学習した知識や技能を主体的に使う活動 ② 自分の考えを主体的に表現する活動

第4節　研究協力機関の「一体的つながり」に関する取組状況

表4-4-4　各研究協力機関の一体的つながりに関する取組状況

	ウ　主に「どのように学ぶか」と「学習評価の充実」をつなぐ工夫【c⇔d】
千葉県立特別支援学校流山高等学園	・4観点を教科別の指導で導入している。いわゆる「普通教科」では、年間指導計画において、全ての授業の目標・内容・評価規準を明記している。 ・専門教科では、年間指導計画において、4観点で評価規準を明記している。しかし、観点の名称が若干違っており、「思考・判断」に位置付けられているがスキル的な目標の記述になっているなどがある。 ・英語科では、ルーブリック評価表についても同様の課題がある。 ・職業科目の通知表は到達度評価になっている。 ・評価ツールとして「自立へのステージアップ表」を作成し、活用している。 ・授業や単元のレベルで組織的な学習評価の取組はない。個人的に担任が記録することがある。 ・ST学習、学校設定科目、理科、数学の一部の授業でアクティブ・ラーニング的な実践を試行錯誤中であり、学習評価についても同様である。
広島県立庄原特別支援学校	・観点別学習状況の評価については、学習指導案、学習指導略案、単元計画において観点別評価を行っている。 ・評価規準の設定については、学習指導略案に「目標の達成度」「目標の妥当性」「支援の有効性」について授業を評価する項目を設定している。また、「関心・意欲・態度」「思考・判断・表現」「技能」「知識・理解」の4観点による評価規準を設け、児童生徒の観点別学習状況の評価を行っている。 ・学習状況の評価については、単元計画と個別の指導計画において学習状況の具体的な取組を記述できる様式になっている。また、単元計画と個別の指導計画はリンクしている。さらに、個別の指導計画には「主体的に取り組む態度の育成（自学自習の姿勢）」という項目を設けて児童生徒個々に目標設定をして評価を行っている。 ・指導略案の「本時の目標」「個々の評価基準（観点別評価の4観点に基づく評価基準）」に基づいた毎回の評価を行う。（毎時間、授業を振り返って学習評価と授業評価を行っている。） 【ゆるるの森づくり】 ・生徒の自己評価として、仕事の振り返り評価や次回の計画をシートに記述するよう設定している。 ・アンケートによる自己評価によって、生徒自身が自分で分析的に自己評価を行う。 ・大学生や管理センター職員と一緒に活動を振り返ることで、活動の成果を共有することができ、自己有用感をより感じることができる。
愛媛大学教育学部附属特別支援学校	【学習評価の取組】 ・児童生徒一人一人の「生きる力」を育てるための授業改善を図るため、授業づくりの3つの柱を設定している。これは、教師が授業を評価するシステムで、「授業評価の仕組み」と捉えている。本校では、ここに、児童生徒の「生きる力」の育ちを評価するためのシステム、つまり「子どもの評価の仕組み」を組み入れたいと考え、観点別学習状況の評価による分析的な評価の在り方を導入した。 【観点別学習状況の評価の実施】 ・学校の教育目標に迫るために、「関心・意欲・態度」「思考・判断・表現」「技能」「知識・理解」4観点から「身に付けたい力」を設定し、「キャリア4能力領域と観点別学習評価の4観点の関連表（試案）」に基づいて、各学習形態あるいは単位時間毎の評価規準へ具体化している。 【評価規準】 ・個別の指導計画の年間目標（各学習形態ごと）について、4観点で評価規準を設定し、その規準に沿った目標設定、学習内容の検討および形成的評価を行うとともに、学期末評価、年度末評価等の総括的評価に生かしている。 【学習状況の評価】 ・個別の指導計画を活用し、学期ごとに観点別の評価を行っている。3学期分の評価をもとに、年度末には指導要録の評価につなげている。 【授業の評価・指導の評価】 ・授業づくりの3つの柱（①単元・学習内容設定の工夫、②学習環境・支援の工夫、③評価の工夫）を設け、授業評価の仕組みとしている。 ※この仕組みを、学習評価の視点から見直し、両者を統合することで「目標と指導と評価の一体化」を図る手立てとしている。 ・単元計画の中で、学習活動のそれぞれのステージで4観点に則った評価規準を決め評価している。
長崎県立鶴南特別支援学校	・4観点に関する明確な表記は行っていない。個別の指導計画の作成で意識しているが、個人差があると考えられる。文章を見れば、4観点にわけることができると考えられる。 ・評価したことを文書としてどのように表記しているのかについては、個別の指導計画の中で、到達度を具体的に記している。通知表は、それらの内容を少し変更して保護者に渡している。 ・「アクティブ・ラーニングを行ったときの評価をどのように行うか」について検討した結果、以下の意見が出てきた。 ①自分で気づけたり、考え出したり、伝えることができたり、協力することができたり、といった行動が、受け身ではなく自発的な活動としてあらわれたかどうか。 ②アクティブ・ラーニングを行ったか行っていないかは次に示す要素で判断してはどうか？「グルーピングの工夫、発問、形成的評価、賞賛、ゲーム性のある活動」。これらをさせることでより活動で主体的で能動的な活動が生まれ課題が解決するのではないか。 ③子どもを評価するのではなく、どうして「アクティブ・ラーニング」が出なかったのか、授業について（言葉かけ、展開、教材など）を見直すことが大切。 ④小1～高3ですべて同じアクティブ・ラーニングの視点で授業や評価をすることは難しい（共通のものもあるが）。何らかの段階表のようなものがあればいいと考える。実際の評価では、その目標が達成できたか否かだけでなく、どのように取り組んだか、スキルを生かせたかなどを評価してはどうか。
鹿児島大学教育学部附属特別支援学校	・授業研究を授業づくりの基軸に据え、学習評価を踏まえた授業改善に取り組んでいる。 ・教師全員で授業改善の視点を共有し、児童生徒一人一人の学びを育むための授業や各教科等と関連付けた指導の在り方について検討している。 ・「日々の授業記録」を作成し、「学びの姿の評価→学びの姿の分析→次の授業等の取組に向けた改善案」の順序で評価・検討することを一つのまとまりにした授業記録を一単位時間ごとにとっている。 ・「日々の授業記録」に児童生徒の学びの姿を記述（評価）する際に、前述した「基礎・基本」や「汎用的能力を育む視点」との関連を明記するようにしている。 ・「日々の授業記録」を用いて授業研究を行うたびに、「授業計画シート」に示してある計画を併せて評価し、必要がある場合は随時朱書き等を行い、修正を行うようにしている。

表 4-4-5　各研究協力機関の一体的つながりに関する取組状況

	エ　主に「学習評価の充実」から「育てたい力」へとつなぐ工夫【d⇔a】
千葉県立特別支援学校流山高等学園	・年間指導計画はすべての教科で組織的に検討を行っている。 ・研究授業の開催。 ・授業改善シートを活用した取組。 ・キャリア教育全体計画に基づいた実践 ・平成28年度から3年計画で「キャリア発達を支援する教育課程のあり方」を研究主題に掲げ研究を行う。
広島県立庄原特別支援学校	・学習指導略案と単元計画を活用し、「毎時間の授業において、児童生徒及び指導者の評価を積み重ねることで、教育課程を改善することができる」という考えのもと、取組を重ねている。 ・毎時間の学習状況の評価の積み重ねを単元の評価や指導の評価につなげている。 ・終了した単元の評価を集約して教育課程の評価につなげるなど、学習評価を教育課程の評価につなげるシステムを組織的・体系的に実践している。 ・PDCAサイクルに基づいて授業改善及び教育課程の評価・改善に組織的に取り組んでいる。 ・独自のカリキュラム・マネジメントについて、教職員全体で共通認識をもつために、教育課程検討会議が中心となり、スケジュールの見える化を図ったり、研修会を企画したり、教科会を新設したり等の工夫を行っている。
愛媛大学教育学部附属特別支援学校	・研究主題を具体化するために、「研究推進検討委員会」を設置し、この委員会のもと、授業づくりの3つの柱に沿った縦割り研究グループを全職員で編成している。 ・キャリア教育の視点に立った研究の成果をより確かなものにするため、「学習評価」の視点を踏まえた研究計画を立てた。 ・組織的・体系的な研究を推進するため、学校教育12年間の指導の一貫性・系統性を職員全体で確認するために以下のものを作成している。「知的障害がある児童生徒のキャリア発達段階・内容表（本校版）」「キャリア教育全体計画」「キャリア学習プログラム」。 ・「学習評価の位置付け（概念図）」を作成。これまで取り組んできたキャリア教育の視点に立った研究全体を観点別学習評価の4観点で一つにまとめ、各授業実践におけるＰＤＣＡサイクルに学習評価の視点を組み入れることで、キャリア教育の視点と学習評価の4観点の関連を示している。
長崎県立鶴南特別支援学校	・中学部では総合的な学習の時間の全体計画を作成している。この全体計画には、指導方法と評価方法が示してある。これは平成25年度末に教員全体にアナウンスして、平成26年度の取組を元に作成した。評価は、児童生徒が成果物や感想等を発表する自己評価や、発表に対するクラスメイトの相互評価を経て、教員が成績評価を行う流れである。また、ポートフォリオによる評価として、3年間の学習の記録を一冊のファイルにまとめていく。 ・年度末に各教員にアンケートを取り、各教員が感じている課題を吸い上げてカリキュラム・マネジメントに生かしている。さらに、週案の中にも教育課程を評価する欄を設けたり、指導者教科担当者会（教科部会）でも教育課程編成を検討したりしている。
鹿児島大学教育学部附属特別支援学校	・平成25年度から6年間の研究期間で、カリキュラム開発に関する研究に取り組んでいる。平成25～26年度では、日々の授業における児童生徒の学びの姿を年間指導計画の評価・改善につなげるための授業研究の在り方について、各教科等を合わせた指導に焦点を当てて実践を重ねてきた。平成27年度からは、教科別の指導に焦点を当てた研究に取り組み、平成27年度は国語科の教科別の指導、平成28年度は国語科と算数・数学科の教科別の指導に焦点を当てた取組を行った。 ・平成26年度までの取組で、単元計画の評価・修正を校内において行うようになった。一方で、年間指導計画の改善にまでは結びついていないこと、複数教師での授業や単元の評価検討の負担が高いことが、校内から課題に挙がった。 ・平成27年度からは、日々の授業実践を年間指導計画の評価・改善に生かすためには、日常的に授業研究を実施し、継続して児童生徒の学びの姿を評価することが大切であると考え、「（担当教師が）一人で行う授業研究」や「ペア等で行う授業研究」、「授業研究会」など、様々なスタイルの授業研究を組み合わせることで、効果的且つ効率的に授業研究を行うことを目指してきた。 ・終了した単元（題材）の評価を、年間指導計画の評価・改善に生かすための取組として、学期ごとに行っている教科等の反省の書式を従来のものから改め、具体的な取組を通した年間指導計画の評価や改善案などを授業者の視点から示すことができるようにしている。

③　考察

　各研究協力機関では、学校教育目標のもと、それぞれの学校の特色を生かしながら学校経営を行っていた。

　例えば千葉県立特別支援学校流山高等学園では、職業学科を置く高等部単独の特別支援学校として、キャリア教育全体計画に基づいて育成を目指す資質・能力として基礎的・汎用的能力を位置付け、専門教科はもとより普通教科においても社会自立や職業自立につながる授業の展開や、自立へのステージアップ表を活用した評価の工夫に取り組んでいた。

　また、広島県立庄原特別支援学校は、学部間の系統性や単元間のつながりを意識した単元系統表や単元構成表を活用する中で育てたい子供像にせまり、一人一人の学習状況の評価をもとに授業の評価や単元の評価を行うことで教育課程を改善していくことに取り組んでいた。更に、中心となってその機能を果たす校内組織や体制作りの一環として教育課程検討会議を組織し、研究活動や研修会と連動してカリキュラム・マネジメントの促進を図っていた。

　愛媛大学教育学部附属特別支援学校では、これまでに展開してきたキャリア教育に関する研究活動の成果をベースに据えながら、個別の教育支援計画等を活用して児童生徒一人一人の願いとも照らし合わせた目指す姿を設定し、子供の内面の育ちを支援する5つの規準に基づいた指導や3つの授業づくりの柱による授業の構成と展開を図っていた。また、観点別学習状況の評価の4観点をもとに個別の指導計画へも丁寧に評価を集積することで目標と指導と評価の一体化を図っていた。

　長崎県立鶴南特別支援学校では、研究活動をベースにして教育課程内容表の整理を行い、更にそれを踏まえて特定の教科等を中心とした研究授業を実践する中で、学習内容の系統性や目標・内容・方法・評価の在り方について検討を行った。特に、アクティブ・ラーニングに係る検討委員会を組織して議論を行った内容は、まさに教育目標と教育内容、学習方法や評価の在り方についての一体的な議論にまで及んでいた。

　最後に鹿児島大学教育学部附属特別支援学校では、児童生徒に育てたい資質・能力を単元（題材）指導計画の中に位置付け、どのような学習活動を通じてそれらの力を育成するのかを具体的に表す工夫を行っていた。また、授業研究を授業づくりの基軸としながら児童生徒一人一人の学びの姿を丁寧に見取り、指導と評価の一体化を図る取組を経て年間指導計画の評価や改善案の検討へとつなげ、カリキュラム開発を行う研究活動を推進していた。

以上、研究協力機関の取組においては、「育てたい力」、「何を学ぶか」、「どのように学ぶか」、「学習評価の充実」の4項目を一体的に展開する取組として、様々な検討組織を設置したり、年間指導計画表や単元計画表などの書式を工夫したりする取組を行っていた。また、児童生徒一人一人に育てたい力を確実に身に付けていくために、個別の教育支援計画や個別の指導計画を活用し、丁寧な実態把握や目標設定とその評価を行うことで児童生徒一人一人の発達を支援していた。加えて、研究活動を学校経営の基軸としたり、研修等のプログラムを組み立てたりする中で、県の教育行政施策上の重点方針や学校経営の理念、学校教育目標の具現化を図る校内の基盤を整備していた。

第5節 研究3のまとめとカリキュラム・マネジメントに関する提言及び今後の課題

　本稿では、まず研究3-2において「カリキュラム・マネジメント」の概念について整理するために文献調査を行い、その概略として「学習指導要領等を中心としながら、各学校が設定する学校教育目標を実現するために、どのように教育課程を編成し、どのようなプロセスを経て、それを実施・評価・改善していくのかという点を中心に据えた概念」と捉えた。

　また、実際的にカリキュラム・マネジメントを行っていく際の特別支援教育や知的障害教育の独自性として、教育課程の枠組が小・中学校等の教育課程とは異なり、特別の指導領域である「自立活動」が設定されていることや「知的障害者である児童又は生徒に対する教育を行う特別支援学校の各教科」が設定されていること、個別の教育支援計画や個別の指導計画の作成及び活用が図られていること、特別支援学校（知的障害）の多くでは、複数の学部や学科を有していることもあり、学部・学科を超えたカリキュラム・マネジメントを行っている点で、多様かつ複雑な要因を調整する必要があること等について指摘した。

　続いて研究3-3では、実際の特別支援学校（知的障害）の学校現場で行われているカリキュラム・マネジメントの全体的な状況を俯瞰するために全国特別支援学校知的障害教育校長会との協働により、教育課程の編成や改善等に係る全国の特別支援学校（知的障害）の状況を幅広く調査した。このことによって、現状や課題を明らかにするとともに学校教育目標と教育内容、指導方法、学習評価が一体的なつながりをもつための工夫についての分析を行った。その中で、教育課程の「編成」については、ルールや手引き、スケジュールが明確になっている場合が多かったものの、「改善」に関してはそれらが十分に明らかにされておらず、カリキュラム・マネジメントの中核に位置づくものとして、「教育課程の編成・実施・評価・改善のサイクル」が認識されているものの、実態として「改善」に関わる動きや仕組みは明確になっていなかったり十分に整っていなかったりする状況が明らかとなった。一方で、学校教育目標と教育内容、指導方法、学習評価が一体的なつながりをもつための工夫としては、自由記述の結果から、ビジョン（コンセプト）作りやス

ケジュール作り、場作り、体制（組織）作り、関係作り、コンテンツ作り、ルール作り、プログラム作りの8つの要因により、各学校の課題や特色に応じた様々な工夫がなされている状況も明らかとなった。

　並行して行った研究3-4では、より深くカリキュラム・マネジメントの実施状況について探る目的で研究協力機関の取組について聞き取りを行った。これらの情報の中から、一人一人の教育的ニーズを捉え、また丁寧に学習評価を行いながらカリキュラム・マネジメントを図る特別支援教育ならではの取組が明らかになった。特に個別の指導計画の活用を図ることできめ細やかに子供たち一人一人の発達を支援している状況や授業改善、教育課程改善を中心課題とした研究組織や検討組織の設置・運営が、各研究協力機関のカリキュラム・マネジメントの原動力となっている側面も認められ、学校教育目標と教育内容、指導方法、学習評価を一体的につなげていくための重要な柱として位置づけられていると考えられた。

　以上の状況を総合的に勘案すると、今後、特別支援学校（知的障害）においては、学校教育目標の達成に向けて児童生徒一人一人に育成を目指す資質・能力を念頭に置きながら、学校組織全体として教育課程の編成・実施・評価・改善のサイクルを中核としたカリキュラム・マネジメントを図っていくことが重要となる。その際、「育てたい力」、「何を学ぶか」、「どのように学ぶか」、「学習評価の充実」の4本の柱を中心にしながらも、児童生徒一人一人の教育的ニーズに対応するための個別の指導計画等の活用や研究組織・教育課程検討組織の設置・運営等を柱の中に位置づけ，それぞれを連動させていきながらカリキュラム・マネジメントを図っていくことが重要であると考える。

　折しも、本考察を行う段階では、中央教育審議会から「幼稚園、小学校、中学校、高等学校及び特別支援学校の学習指導要領等の改善及び必要な方策等について（答申）」が出され、カリキュラム・マネジメントの6本の柱として①「何ができるようになるか」（育成を目指す資質・能力）、②「何を学ぶか」（教科等を学ぶ意義と、教科等間・学校段階間のつながりを踏まえた教育課程の編成）、③「どのように学ぶか」（各教科等の指導計画の作成と実施、学習・指導の改善・充実）、④「子供一人一人の発達をどのように支援するか」（子供の発達を踏まえた指導）、⑤「何が身に付いたか」（学習評価の充実）、⑥「実施するために何が必要か」（学習指導要領等の理念を実現するために必要な方策）が位置づけられた。

　これらの趣旨は、本稿において検討を重ねてきたことと趣旨を同じくするものであり、児童生徒一人一人の視点に立って育成を目指す資質・能力を確

実に身に付けるための一体的なカリキュラム・マネジメントの展開を期するものでもある。

　そこで、これらの6本の柱とカリキュラム・マネジメントを促進させる8つの要因をクロスさせることにより「カリキュラム・マネジメント促進フレームワーク」を作成した（図4-5-1）。このフレームワークに基づき、今後、特別支援学校等において特色ある学校づくりを推進する上で、各校の現状を分析したり、教育課程構想を検討・整理したりすることが可能となると考えられる。また、本フレームワークは、カリキュラム・マネジメントに係る実践的なアィディアの創出や学校経営意図の明確化・具体化等、カリキュラムの評価の視点を含めた「着眼点」を示すものであり、これらの項目が全て埋められなくてはならないものと認識されたり、この枠さえ埋めておけば良いものと認識されたりすることは避けられることが望まれる。

知的障害教育におけるカリキュラム・マネジメント促進フレームワーク

要因	具体例	①「何ができるようになるか」(育成を目指す資質・能力)	②「何を学ぶか」(教科等を学ぶ意義と、教科等間・学校段階間のつながりを踏まえた教育課程の編成)	③「どのように学ぶか」(各教科等の指導計画の作成と実施、学習・指導の改善・充実)	④「子供一人一人の発達をどのように支援するか」(子供の発達を踏まえた指導)	⑤「何が身に付いたか」(学習評価の充実)	⑥「実施するために何が必要か」(学習指導要領等の理念を実現するために必要な方策)
ビジョン作り（コンセプト作り）	学校経営計画，運営ビジョン，グランドデザイン，キャリア教育全体計画の提示 etc						
スケジュール作り	授業参観月間，互見授業月間，授業交流週間，学校参観週間，作成・評価期間の設定 etc						
場作り	教育課程検討会議，研究推進会議，授業改善委員会，授業研究会，教科会の設置						
体制（組織）作り	参加者の調整，組織及び個人の権限・役割・責任の明確化 etc						
関係作り	共通理解，情報共有，Win-Win，指示・命令，共感，信頼，援助，建設的相互批判関係構築 etc						
コンテンツ作り	指導段階内容表，キャリア発達内容表，単元計画表，学習内容表の作成 etc						
ルール作り	「授業改善シート」や「授業改善の記録」の活用，実態把握表の活用 etc						
プログラム作り	調査活動，研究活動，研修事業，検討作業，検証作業，評価活動，改訂作業 etc						

図4-5-1　カリキュラム・マネジメント促進フレームワーク

より具体的な理解を促すために、本稿の末に8つの要因の解説と6本の柱に即した特徴的な取組や重点事項として取り組まれる具体例を参考として掲載する（表4-5-1）。これらは、本研究において情報収集した全国特別支援学校知的障害教育校長会の情報交換資料や研究協力機関の取組を手掛かりに作成したものであり、例示のために全てのセルを記入したものである。学校によっては、各セルを横断するような形で場作りや体制作り等を行ったりすることも考えられる。

　ここに示した着眼点をもとに柔軟な発想によって児童生徒の実態や地域の実情に応じた特色あるカリキュラム・マネジメントが図られることを期待したい。

　一方で、仮説として作成した「育成すべき資質・能力を踏まえた知的障害教育における一体的な教育課程編成の構造図」（図1-1-1）については、本稿の考察を踏まえて新たな構造をモデル（試案）として図4-5-2に示す。図に示した歯車は、教育課程のPDCAサイクルを中心となる部分に配置して、その実態的な要素である「何ができるようになるか」－「何を学ぶか」－「どのように学ぶか」－「何が身に付いたか」の4要素を、周囲を取り囲む二段歯車として配置している。そして、その片側には「子供一人一人の発達をどのように支えるのか」という要素を、もう片側には「実施するために何が必要か」という要素を配置した。左右に配置した歯車は、中心となる歯車と噛み合いながら連動し、一体的に回転することで教育課程を展開していく動的な構造をイメージしている。

　特に特別支援教育においては、子供達一人一人の教育的ニーズを踏まえて自立や社会参加を目指した教育を展開していくことが、より一層重要となり、「子供一人一人の発達をどのように支援するか」を具体化する個別の教育支援計画や個別の指導計画の作成・活用等が、中心的な歯車である教育課程のPDCAサイクルと、確実に噛み合う構造となることの重要性を示している。加えて、これらの3つの歯車には、いずれの歯車にも8つの要因が内包されており、それぞれの要因を機能させることで、歯車が連動しながら一体的なカリキュラム・マネジメントを図る構造となることを示している。

　平成29年4月に公示された新しい学習指導要領等を基にしながらも、その読み解き方や教育課程編成の考え方の一助として、前述のツールや本モデルが活用されることを期待したい。特に「カリキュラム・マネジメント促進フレームワーク」については、各校の現状を分析したり、教育課程構想を検討・整理したりすることを想定したツールである。これらのツールを活用す

第5節　研究3のまとめとカリキュラム・マネジメントに関する提言及び今後の課題

ることで、どのように各学校の現状が分析されたのかや、どのようにカリキュラム・マネジメントが促進され、学校教育目標の実現等に寄与できたかを質的に分析していくことなどが今後の課題として挙げられる。

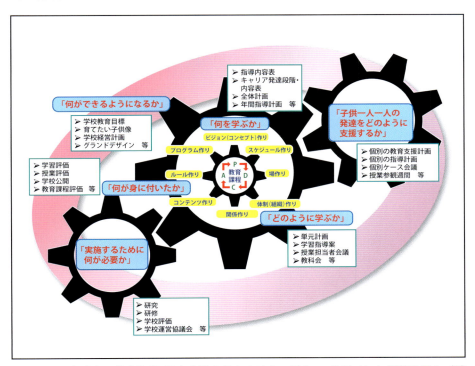

図4-5-2　育成を目指す資質・能力を踏まえたカリキュラム・マネジメント促進モデル（試案）

［武富博文・明官茂・清水潤］

第 4 章　研究 3　知的障害教育における教育目標と内容・指導方法、学習評価が一体的につながりを持つための工夫の検討

表 4-5-1　知的障害教育におけるカリキュラム・マネジメント促進フレームワーク（赤字は参考となる具体例）

要因	要因解説	①「何ができるようになるか」（育成を目指す資質・能力）	②「何を学ぶか」（教科等を学ぶ意義と、教科等間・学校段階間のつながりを踏まえた教育課程の編成）	③「どのように学ぶか」（各教科等の指導計画の作成と実施、学習・指導の改善・充実）	④「子供一人一人の発達をどのように支援するか」（子供の発達を踏まえた指導）	⑤「何が身に付いたか」（学習評価の充実）	⑥「実施するために何が必要か」（学習指導要領等の理念を実現するために必要な方策）— 研究	⑥ 研修
ビジョン作り（コンセプト作り）	どのような目的のもとに、どのような意図を持って取組等を行うのかを明確にすること	学校経営計画 ／ 学校運営協議会→ ／ 育てたい児童生徒像を念頭に置いた学校経営方針の明示	学校全体の教育課程計画 ／ 教育課程編成指針	授業改善計画→ ／ 指導方針	個別の指導計画 ／ 個別の指導計画作成	学習評価計画 ／ 学習評価の活用方針	研究→ ／ 研究基本計画の作成（目的・仮説・方法論）	研修→ ／ 年間研修計画の作成（研修の意図や課題）
スケジュール作り	「いつ」の時期（日付やタイミング）等に取組や検討等を行うのかを明確にすること	学校経営方針の策定→ ／ 学校運営協議会開催スケジュール ／ 学校評価年間スケジュール作成	年間検討会議スケジュールの作成	教科会での検討スケジュールの明示 ／ 個別ケース会議週間の設定 ／ 授業公開 授業交流週間	年間更新スケジュールと拡大ケース会議の設定	評価期間の設定	年間指導計画の作成と見直し 研究実施スケジュール	年間研修スケジュール
場作り	「どこで」に関わる取組や検討等を行う（場）を明確にすること	校内分掌、各種委員会等 ／ 校内全体研究プロジェクト	教育課程委員会 研究推進委員会 校内研究会 教科会	教科会での年間指導計画作成と研究部による検討	個別ケース会議	学部会 学年評価会教科会	学部別研究コース別研究	研究立案会議
体制（組織）作り	「誰が」に関わる取組等を行う参加者や参加組織を明確にすること	分掌主任、各種委員会、学部長等をリーダーとし、必要数の人員を配置 ／ 学級経営方針と計画	管理職、教務主任、研究主任、学年主任、教科主任による合同体制	教務主任・研究部員・学年主任によるチーム編成	保護者・本人・学級担任・学年主任の参加	校内授業研究会での検討	研究推進部をリーダーとした学年主任と若手教員の登用	研究部・教務部合同企画
関係作り	「誰と」やどのような「組織と組織」、「項目と項目」、「事項と事項」等の関係の在り方に関すること	学校経営目標を達成するスケールアップした分掌、委員会の機能の健全な比例 ／ 地域住民・企業への説明による理解促進	縦断的・横断的視点による各教科等間の関連性の確認 学部・学年間の系統性の整理	学習環境づくりに関する連動的な意見交換	家庭生活上の課題の共有化と問題行動への共同対応	回議システムによる複数観点数チェック	建設的な相互批判による複数仮説の検証	OJTによる学び合いの学校文化
コンテンツ作り	結果としてつくり出される内容物等に関すること	学校教育目標・生徒・学級目標、学部の指導重点の設定 ／ 学校運営目標・運営マニュアル 学校運営協議会だより 学校見学日記	教育課程内容表	アクティブ・ラーニングの視点に基づく授業改善	個別の指導計画	自立へのステージアップ表の活用 通知票による ST 学習におけるポートフォリオ	研究紀要作成	研修シラバス 研修資料集
ルール作り	「どのように」に関わる取組検討や取組内容のルールやローカルルールに関すること	年間2回目の自己評価及び学校関係者評価の実施と第三者評価で検討し教育課程計画・分析及び改善計画の設定 ／ 学校に関わる取組検討や参加者やルールでのルール明確化	学部別教育課程委員会による提案を研究推進委員会及び教育課程委員会（横断組織）で確認	学習環境チェックシートの活用	個別の情報集約ツールの活用	学習状況チェック表 業績評価シート	研究報告書プロット	研修のまとめと振り返りのレポート作成
プログラム作り	より具体的な取組内容や検討の事項等に関すること	学校教育目標・生徒・学部目標・学部の指導重点・学部の達成目標の作成 ／ 校内授業委員会	指導目標、指導内容、教材・教員の洗い出しと生活年齢に即した教育内容等の配列の再編等の検討	アクティブ・ラーニングに関する研修の実施	学級担任・学年主任を中心に作成し、各教科等の指導担当者への共有及び学期毎更新	コース別評価成果の集積と分析	全校アンケート 授業放映会 放課後検討会	研修プログラム

第5章

総合考察

第1節 知的障害教育における「育成を目指す資質・能力」の視点を踏まえたカリキュラム編成のモデル／カリキュラム・マネジメント

本研究は、新学習指導要領に向けて「初等中等教育における教育課程の基準等の在り方について（諮問）」が行われた後に研究計画が立てられ、育成すべき資質・能力の議論が始まった頃から本研究が始められた。この段階では、育成すべき資質・能力についての議論が行われていた段階であったため、本研究の研究1ではOECDの「能力の定義と選択」（DeSeCo）プロジェクトが提起したキー・コンピテンシーや、北米を中心に定義された21世紀型スキル等の文献を研究するとともに、知的障害教育に当てはめるとどうなるかの検討を行った。

研究1の結果に示したように国際的にも注目されているOECDのキー・コンピテンシーに着目して、研究協力機関である広島県立庄原特別支援学校での取組を分析した結果から、キー・コンピテンシーのような汎用的能力がすでに特別支援学校の指導で取り扱われており、そのような汎用的能力に対する指導内容を知的障害教育でも取り扱うことが可能であることがわかった。しかし、今回の分析では、汎用的能力を知的障害のある児童生徒の実態に合わせて原初的レベル、初歩レベルまでの内容に読み替えて分析した。（原初レベルとは、当該のキー・コンピテンシーの起源となるように行動や態度や、初歩レベルのキー・コンピテンシーを構成要素の一部分の行動や態度であるもの。例えば「Ａ：言語、シンボル、テクストを相互作用的に活用する力の場合」、相互的に意思伝達ができなくとも指差しができる場合を原初レベル、指差しによって選択したものを伝えるといった簡単なやり取りが可能な場合は初歩レベルととらえることができる）つまり、今後の新学習指導要領等で示される育成を目指す資質・能力等について対象の児童生徒の認知発達のレベルに合わせて当てはめていく必要があると考えられる。また、同様に研究1では、キー・コンピテンシーの「Ｆ：利害の対立を処理し、解決する能力」に対応する身近な課題として、教室での日常生活の場面ではよく見られる光景でもある一つの遊具を二人で取り合う場面での問題解決を想定できるが、研究協力機関のデータでは、このような能力が単元目標に取り上げられていない事実があった。つまり、必要とされる資質・能力の育成につな

193

がる指導が可能であるのに授業で設定されない場合も考えられるのである。

　研究1の考察では、原初的レベル、あるいは初歩レベルの内容も含めて考えることで、知的障害のある児童生徒への指導目標のイメージを持つことができるだろうと指摘しているが、育成を目指す資質・能力と指導目標の関係を、児童生徒の実態に応じて細かく考えていくことが求められている。今回の研究2で示した各研究協力機関の教育課程を見てみると、「育てたい子供像」（流山・庄原）「育てたい力と『育成すべき資質・能力』の関係について」（愛媛）「目指す児童生徒像」（長崎鶴南）「学校教育目標や新しい時代に育成すべき資質・能力との関連を基に整理した『本校の児童生徒に育てたい資質・能力』としての4つの力」（鹿児島）等にみられるように、育成を目指す力や資質・能力を学校教育目標との関係で整理し学校全体の授業改善につなげていることが分かる。あわせて、全ての学校が観点別学習評価を行っており、評価規準も学校全体で組織的に作成されている。知的障害教育を行う特別支援学校においては、学校教育目標、育成を目指す資質・能力、学習評価を一体として考え、教育課程編成の基本に位置付けて、授業研究につなげることが今後は基本になると考えられる。

　平成28年12月に示された、中央教育審議会の学習指導要領改訂の答申によれば、育成を目指す資質・能力について、具体例については様々な提案がされているが、資質・能力に関する要素を、知識に関するもの、スキルに関するもの、情意（人間性など）に関するものの3つに分類し、三つの柱として以下に整理している。

　①　「何を理解しているか、何ができるか（生きて働く「知識・技能」の習得）」
　②　「理解していること・できることをどう使うか（未知の状況にも対応できる「思考力・判断力・表現力等」の育成）」
　③　「どのように社会・世界と関わり、よりよい人生を送るか（学びを人生や社会に生かそうとする「学びに向かう力・人間性等」の涵養）」

　平成29年度の学習指導要領改訂により、知的障害教育の各教科等においても三つの柱に応じた指導内容が細かく示されている。今後、学校現場では、単元に応じて三つの柱に応じた指導内容を明らかにし授業での工夫が必要になる。このことは、研究1の考察で示したように、知識・技能は、思考・判断・表現を通じて習得されたり、その過程で活用されたりするものであり、資質・能力の三つの柱は相互に関係し合いながら育成されることを、授業を展開する中で押さえておくことが必要である。各学校においては、資質・能力の三つの柱に基づき再整理された新学習指導要領等を手掛かりに「カリキュラム・

マネジメント」の中で、学校教育目標や学校として育成を目指す資質・能力を明確にし、家庭や地域とも共有しながら、教育課程を編成していくことが求められている。

　研究２では、知的障害教育におけるアクティブ・ラーニングの概念について研究協力機関と情報共有し、アクティブ・ラーニングの視点を取り入れた実践を研究協力機関に２年間取り組んでもらった。結果的に１年目より２年目の取組でアクティブ・ラーニングの主体的・対話的で深い学びにつながるポイントが見えてきたと考えられる。当初、アクティブ・ラーニングを取り組むにあって基本的に押さえたことは、論点整理で示された以下の３点であった。

　○　習得・活用・探求という学習プロセスの中で、問題発見・解決を念頭に置いた深い学びの過程が実現できているか。
　○　他者との協働や外界との相互作用を通じて、自らの考えを広げ深める、対話的な学びの過程が実現できているか。
　○　子供たちが見通しを持って粘り強く取り組み、自らの学習活動を振り返って次につなげる主体的な学びの過程が実現できているか。

　２年間の実践で見えてきたことは、研究２の考察でも示したように、アクティブ・ラーニングは「主体的・対話的で深い学び」が実現するための授業改善の視点であり、それには学習評価の充実が不可欠であろう。研究協力機関では「育てたい力の育成」が授業改善を通じて取り組まれている。複数の観点から育てたい力が検討されていたことや、児童生徒が何を学んだのかを学習評価を踏まえることで更なる授業の改善点が示されたこと、また、学習評価においても採点表や児童生徒の振り返りを大切にして授業改善につなげたこと、児童生徒が振り返りを行うときには、採点表に見られるような手掛かりを多くの学校が授業の中で工夫していたこと等が事例から読み取れる。

　アクティブ・ラーニングで重要な、「主体的・対話的で深い学び」を方法論でとらえると授業展開の中で、児童生徒同士をどう関わらせようか等の形態だけにとらわれる危険性があるが、本質は、子供たちが学んだことを活用していく過程や、次の課題を自分で切り拓くためにどうするかを、授業の中で教員が工夫する手立てを示すことでもある。研究協力機関の実践では、教育目標と内容・指導方法、学習評価をつなげようとする組織的な取組が行われている。学校教育目標が多くの教員に共通理解され、育てたい力を学校全体で共通理解できている基盤があってこそ、日々の授業を進めながら、目標と内容・方法、学習評価のつながりを授業研究を通じて見直し、絶えず微調

整を繰り返すことで初めて組織的なアクティブ・ラーニングが展開できると考える。また、児童生徒に対しても自主的な気づきや自己評価をすることで、学習の振り返りを重視している。2年間の研究協力機関との協働的な取組を通じて、主体的・対話的で深い学びにつながる学習は、学校の組織的なカリキュラム・マネジメントと密接に繋がっていることが理解できる。

　教育課程とは、学校教育の目的や目標を達成するために、教育の内容を児童生徒の心身の発達に応じ、授業時数との関連において総合的に組織した学校の教育計画であり、その編成主体は学校である。本研究では、「カリキュラム・マネジメント」を、「学習指導要領を中心としながら、各学校が設定する学校教育目標を実現するために、どのように教育課程を編成し、どのようなプロセスを経て、それを実施・評価・改善していくかという点を中心に据えた概念」と捉えた。特別支援学校での「カリキュラム・マネジメント」の確立には、必要なものはなんであろうか。2年間にわたって全国特別支援学校知的障害教育校長会との協働した調査を細かく分析した結果から浮かび上がったのは、「学校教育目標」「教育内容」「指導方法」「学習評価」の評価・改善へつながった具体的な工夫が、特別支援学校のカリキュラム・マネジメントを促進する要因になっていることである。

　その結果は研究3で示した、「知的障害教育におけるカリキュラム・マネジメント促進フレームワーク」及び「育成を目指す資質・能力を踏まえたカリキュラム・マネジメント促進モデル（試案)」に示されている。この研究の目的である「学校教育目標と教育内容、指導方法、学習評価が一体的なつながりを持つための工夫（カリキュラム・マネジメント)」は、ビジョン（コンセプト）作りやスケジュール作り、場作り、体制（組織）作り、関係作り、コンテンツ作り、ルール作り、プログラム作り、の8つの要因により、各学校の課題や特色に応じて工夫がなされている。これらの8つの要因と今回の中教審で示された①「何ができるようになるか」（育成を目指す資質・能力)、②「何を学ぶか」（教科等を学ぶ意義と、教科等間・学校段階間のつながりを踏まえた教育課程の編成)、③「どのように学ぶか」（各教科等の指導計画の作成と実施、学習・指導の改善・充実)、④「子供一人一人の発達をどのように支援するか」（子供の発達を踏まえた指導)、⑤「何が身に付いたか」（学習評価の充実)、⑥「実施するために何が必要か」（学習指導要領等の理念を実現するために必要な方策）の6つの柱をもとに、モデルを作り、各学校の児童生徒の実態や地域の実態に応じたポイントを示すことで、「自立活動の設定」や「知的障害者である児童又は生徒に対する教育を行う特別支援学校

の各教科の設定」「個別の教育支援計画や個別の指導計画の作成が図られている」「特別支援学校の多くは複数の学部や学科を有している」「各教科等を合わせた指導が認められている」等の独自の特性を持つ特別支援学校にとって、カリキュラム編成を考えるうえでのモデルになると考えられる。

　本研究は、新しい時代に必要な、育成を目指す資質・能力の考え方に基づいた教育課程編成をどう考えるべきかを目的とした。2年間の研究をもとに「知的障害教育におけるカリキュラム・マネジメント促進フレームワーク」及び「育成を目指す資質・能力を踏まえたカリキュラム・マネジメント促進モデル（試案)」を提案することができた。前提として、育成を目指す資質・能力は原初レベルや初期レベルの内容を含めて検討することで知的障害のある児童生徒に対しても同様に考えられるとの検証があった。また、研究協力機関と協働してアクティブ・ラーニングの実践に焦点を当て、知的障害教育における主体的・対話的で深い学びについて検討したことから重要な知見が得られた。知的障害の特性に配慮して学習目標を工夫する必要性や、各教科等で身に付けた見方・考え方を通して深く考えることを実現するためには、児童生徒の自主性に頼るだけでなく、知的障害教育で今まで行ってきた、児童生徒一人一人の実態に応じて支援に加えて、見通しを持たせたり、自分の活動を振り返り次につなぐような支援教材の必要性も明らかになった。これらも教育課程改善につながる要素である。

第5章　総合考察

第2節　今後の課題

　本研究と並行して学習指導要領の改訂が行われ、平成29年4月には特別支援学校小学部・中学部新学習指導要領も公示された。育成を目指す資質・能力は、知的障害教育の各教科においても同様に三つの柱で示されている。これに基づき、教育課程を編成し一人一人の児童生徒に教育を行うのは学校である。今後の知的障害教育を進める特別支援学校が新学習指導要領を基に児童生徒の未来を見据えて実践を進めることが求められている。本研究における今後の課題を以下に記す。

1）育成を目指す資質・能力が発達・伸長していく段階を、新学習指導要領で示された段階を基に、生活年齢も考慮して幅広い場面で活用できるような力にするために、学校現場での実践を積み重ねながら明らかにすること。

2）主体的・対話的で深い学びと言われるアクティブ・ラーニングを知的障害教育で考えるとき、各教科の見方・考え方だけでなく、学んだことを搬化させる過程等を通して深い学びをとらえ、実践の中で明らかにすること。

3）多様な児童生徒を抱える特別支援学校において、児童生徒の実態に応じ、学校の特色を大事にした教育課程編成を行うための要因を活用したカリキュラム・マネジメントの実践モデルを提示すること。

（明官　茂）

第6章

寄稿

中央教育審議会答申を踏まえた
育成を目指す資質・能力と
カリキュラム・マネジメント
〜本研究の意義と研究成果の活用に向けて〜

第1節 はじめに

文部科学省初等中等教育局視学官
（併）特別支援教育課特別支援教育調査官
丹野　哲也　氏

　平成 27 年度から 2 年間にわたる本研究の背景は、次期学習指導要領改訂の方向性を見据えながら、特別支援学校（知的障害）の教育課程編成の考え方やその充実に資することがある。研究過程においては、中央教育審議会の審議状況を踏まえて、育成を目指す資質・能力と諸外国の教育改革における資質・能力に関する比較分析、全国から抽出された研究協力機関（5 校）における実践研究、さらには、全国特別支援学校知的障害教育校長会と連携し 774 校から回答を得た質問紙調査集計分析に基づくカリキュラム・マネジメントの提言など、総合的な研究が実施された。

　注目すべきことは、本研究が特別支援学校（知的障害）におけるカリキュラム・マネジメントに関して言及された、我が国で最初の総合的な研究である点であろう。

　本研究成果を踏まえて本稿では、中央教育審議会答申に示された育成を目指す資質・能力の 3 つの柱と、特別支援学校（知的障害）におけるカリキュラム・マネジメントについて以下に述べる。

第2節 中央教育審議会答申に至る経過

　平成 26 年 11 月文部科学大臣からの次期学習指導要領の改訂に向けた諮問を受けて、中央教育審議会初等中等教育分科会教育課程部会の下に設置された「教育課程企画特別部会」において、次期学習指導要領の方向性についての総括的・集中的な審議が行われ、平成 27 年 8 月に「教育課程企画特別部会　論点整理」（以下、「論点整理」という。）が公開された。

　今般の審議の大きな特徴は、「論点整理」で取りまとめられた方向性を踏まえながら、幼・小・中・高の校種別部会、特別支援教育部会、総則・評価特別部会、各教科別等ワーキンググループにおける審議がスタートした点である。そして、これら部会等で検討された内容を教育課程部会として整理して取りまとめられたものが、平成 28 年 8 月中央教育審議会初等中等教育分科会教育課程部会「次期学習指導要領等に向けたこれまでの審議のまとめ」である。

　本審議のまとめを踏まえ、中央教育審議会では、平成 28 年 12 月、次期学習指導要領の改訂の方向性を示した「幼稚園、小学校、中学校、高等学校及び特別支援学校の学習指導要領等の改善及び必要な方策等について（答申）」（以下、中教審答申という。）の答申が行われた。

第3節　中教審答申に基づく育成を目指す資質・能力の３つの柱

第3節 中教審答申に基づく育成を目指す資質・能力の３つの柱

　中教審答申では、次期学習指導要領等において示すべき内容の方向性やその実現に向けた必要な方策が示されている。その中で、育成を目指す資質・能力の３つの柱は、教育課程に共通する骨組みとして機能している。育成を目指す資質・能力の３つの柱のそれぞれの要素は、学校教育法第30条第2項が定める学校教育において重視すべき３つの要素である、「知識・技能」「思考力・判断力・表現力等」「主体的に学習に取り組む態度」とも共通しているとされる。

　これら、中教審答申で述べられている育成を目指す資質・能力の３つの柱の具体的な内容について、現行の特別支援学校学習指導要領解説における記述を基に、次に考えてみる。

① 「何を理解しているか、何ができるか」

　中教審答申では、各教科等において習得する知識や技能であり、個別の事実的な知識のみを指すものではなく、それらが相互に関連付けられ、さらに社会の中で生きて働く知識となるものを含むものとしている。

　生きて働く知識・技能について、知的障害者である児童生徒のための各教科（以下、知的障害教育の各教科という。）の特別支援学校学習指導要領解説には次の学習内容が記されている。

　例えば、小学部生活科では、観点「金銭の扱い」の学習内容として、日常生活において硬貨や紙幣の種類を知ることだけではなく、お金の必要性が分かり、価格に応じて、硬貨や紙幣を適切に組み合わせて支払うことができたり、必要に応じて両替をしたりすることができるよう身に付けていくこと。また、高等部段階では、数学科の観点「実務」の学習内容として、時間と時刻を取り扱う際に、「学校からバス停まで、歩いて15分かかるので、3時に学校を出れば、3時20分のバスに乗れる」ことなどが示されている。このように、児童生徒が日常的な生活経験の中で実感をもち、自ら考えられるようにしていくことが生きて働く知識・技能となる。

203

② 「理解していること・できることをどう使うか」

　中教審答申では、理解していることやできることを活用して、未知の状況にも対応できる「思考力、判断力、表現力等」の育成を求めている。

　前述の例でいえば、学校からバス停まで 15 分間かかるという知識に基づき、3 時 20 分のバスに乗車するために学校を出発する時刻を考えて判断して、実行していくこと、この学習過程が思考、判断、表現にあたり、さらに、バス停まで時間に少しだけ余裕をもたせることなど、その日の天候や体調などにより柔軟に学校を出発する時刻を自ら判断して決めていくことができるようにすることが、未知の状況や不測の事態にも対応できる力といえる。

③ 「どのように社会・世界と関わり、よりよい人生を送るか」

　中教審答申では、この要素は、①と②の資質・能力を、どのような方向性で働かせていくかを決定付ける重要な要素であり、情意や態度等に関わるものが含まれているとしている。さらに、こうした情意や態度を育んでいくためには、体験活動も含め、社会や世界との関わりの中で、学んだことの意義を実感できる学習活動を充実させていくことが重要であることが示されている。

　知的障害教育の各教科では、児童生徒の学習上の特性等を踏まえ、自立し社会参加するための必要な知識や技能、態度などを身に付けることを重視し、各教科の目標や内容が示されている。さらに学習の過程では、生活に結び付いた具体的な活動を学習活動の中心に据え、実際的な状況下で、学習の文脈に即した指導が重視されている。

　自己の感情や行動を統制する力、リーダーシップやチームワーク、感性、優しさや思いやりなど人間性等に関するものは、学校生活の中で、教科横断的な視点での学習の過程を通して総合的に育まれていくものである。

　このように中教審答申で示された育成を目指す資質・能力は、現行の知的障害教育の各教科の解説において、内容としてすでに位置づいているものが多いことに着目したい。

　一方で、中教審答申では、知的障害教育の各教科について、小学校等の各教科等と同様に育成を目指す資質・能力の 3 つの柱から各教科の目標・内容を整理していくことが指摘されている。このことに基づいて、小学校等の各教科の目標と内容の連続性や関連性を図りながら、現行の特別支援学校学習指導要領の解説で記述されている内容などを基盤としながら、新特別支援学

校学習指導要領における各教科の内容について検討された。

　ところで、中教審答申にいたる特別支援教育部会の審議のまとめでは、小学校等の各教科等と知的障害教育の各教科等を通して身につけていくことのできる育成を目指す資質・能力は基本的には同じであることが考え方として示された。

　このことは、例えば、小学校算数科の内容として取り扱う、公式を活用して三角形や平行四辺形などの面積を求めて、それぞれを比較することと、知的障害教育の各教科である算数科の中で、身近にある実物を使い、その大きさや形を比較することなど、その解決にいたる過程で身につく資質・能力、例えば、「問題解決能力」は同じであることを意味しているといえる。資質・能力ベースで考えていくことにより、児童生徒の大きな可能性を引き出すとともに、学校教育を通して児童生徒が確実に身に付けて欲しい力（資質・能力）を明確にしていくことができる。

　そのため、各学校では、学習指導要領に基づき、児童生徒や地域の実情等を踏まえて、学校教育目標（育成を目指す資質・能力や目指す児童生徒像など）が設定され、その実現を目指し教育課程を編成し、実施、評価し改善していく、いわゆる「カリキュラム・マネジメント」が重要となってくる。

第4節 育成を目指す資質・能力とカリキュラム・マネジメント

　カリキュラム・マネジメントの充実は、今般の学習指導要領改訂の方向性の核となるものであるが、その重要性が、答申等において示されたのは、平成15年10月の学習指導要領の一部改訂における中教審答申である。すなわち「校長や教員等が学習指導要領や教育課程についての理解を深め、教育課程の開発や経営（カリキュラム・マネジメント）に関する能力を養うことが極めて重要である。」と示された。

　このことに続き、現行学習指導要領の改訂の方向性を示した平成20年1月の中央教育審議会答申では、「各学校においては、このような諸条件を適切に活用して、教育課程や指導方法等を不断に見直すことにより効果的な教育活動を充実させるといったカリキュラム・マネジメントを確立することが求められる。」とされている。教育課程編成を核にしたマネジメントの重要性は、今般の答申の審議過程で突如として着目されたのではなく、従前からその重要性が認識され、指摘されていたのである。

　ところで、本研究では、「育成すべき資質・能力を踏まえた知的障害教育における一体的な教育課程編成の構造図（仮説）」（図1-1-1参照）において、カリキュラム・マネジメントの好循環を促すための概念図が提起されている。その中で「（a）育てたい力」、「（b）何を学ぶか」、「（c）どのように学ぶか」、「（d）学習評価の充実」それぞれの要素間を結ぶ矢印の説明が仮説として示されている。例えば、「（a）育てたい力」から「（b）何を学ぶか」の項目間を循環させる機能として、「教科部会」や「教育課程委員会」などの組織的な機能が仮説として示されている。

　一方で、各研究協力機関に対して行った取組状況についてのインタビュー調査による結果（表4-4-1から4-4-5参照）によると、5校の研究協力機関が共通して回答している「（a）育てたい力」から「（b）何を学ぶか」の項目間を循環させる要素には「年間指導計画の作成」、「単元計画の作成」、「各教科等の年間単元一覧表の作成」などの点に着目できる（武富・明官・神山,2016）。

　すなわち、「（a）育てたい力」と「（b）何を学ぶか」をつなぎ、サイクル

第4節　育成を目指す資質・能力とカリキュラム・マネジメント

を循環させる重要な機能として、年間指導計画等の指導計画があり、それら計画を学校として組織的に作成し活用していくために、「教科部会」や「教育課程委員会」などの組織的な位置づけが重要となるのであろう。

　教育課程とは、特別支援学校学習指導要領解説によれば「学校教育の目的や目標を達成するために、教育の内容を児童生徒の心身の発達に応じ、授業時数との関連において総合的に組織した学校の教育計画」である。ここで重要なことは、「授業時数」との関連において、総合的に組織された教育計画であることである。すなわち、各教科の年間授業時数をどのように割り振っていくのか、このことが重要である。各学校が設定する教育目標を達成できるように、各教科等の年間授業時数を検討していくことになり、各教科に必要な年間授業時数の総計は、各教科における単元の時数を合計したものでのある。

　1つの単元にどの位の時間をかけるのか、児童生徒の学習状況を分析し、単元の時数を調整していくなどの動的な営みを促進させていくことは、正にカリキュラム・マネジメントである。そのため、1つの単元を通して、どのような力が子供たちに身に付いたのかを分析的にみていくことのできる学習評価が極めて重要となる。

207

第5節　社会に開かれた教育課程の実現に向けて
～年間指導計画を保護者等と共有する～

　本研究における情報交換アンケート調査の結果では、各教科等の年間指導計画の活用状況（図4-3-5参照）における、「各教科等の年間指導計画を保護者へ公開している」との回答は13.5％であり、校内の教職員のみで活用している割合が71.8％であった。

　今後、社会に開かれた教育課程の理念、すなわち、学校の教育活動を地域や社会と共有していくことを実現していくためには、年間指導計画が保護者はもとより、地域にも公開され、学校の教育活動を共有していくことが欠かせないであろう。

第6節 特別支援学校におけるカリキュラム・マネジメントを推進させていくために

　本研究で提案されている「知的障害教育におけるカリキュラム・マネジメント促進フレームワーク」（図 4-5-1 参照）は、各学校の中で、管理職や教務主任という教育課程に主として関わる一部の層だけでなく、全教員がそれぞれのポジションに基づき、どの位置にいるのかを示す地図の役割を果たす。促進フレームワークの（6 × 8）のボックスには、各学校の実態に合わせた項目が設定されていくことになる。学校内での活用の仕方として、まずは、掲載されている参考例（表 4-5-1）の項目に基づき、全教員一人一人が、自分の主な役割を担っている箇所や関連している箇所を色付けしていくことなども考えられる。複数の回答を集計して、色が重なり濃くなるボックスは学校の強みである。逆に、重なりが少なく色の薄いボックスの項目は、このことに焦点をあてて、機能強化していくことを学校経営課題として位置づければ良いと考えられる。

　各学校では、様々な活用の仕方が考えられるが、促進フレームワークそのものも、固定化したものではなく、各学校の実態に合わせて工夫され、進化させる程の勢いで活用して欲しい。

　カリキュラム・マネジメントは、教育課程の編成・管理・実施をより効果的、効率的、そして根拠をもたせていくことにより、児童生徒の確かな学びを充実させるための手段であり、方法である。そのため、手段が目的化しないように留意が必要であるが、特別支援学校のカリキュラム・マネジメントに関する研究が学問的にも深化・活性化され、理論構築されていくことが期待される。本研究は、その端をなす特別支援学校における最初の研究として着目できる。

　結びに、本研究にあたり、研究代表情報支援部長明官茂上席総括研究員をはじめとする国立特別支援教育総合研究所の研究者の方々のご尽力、研究協力機関において日々実践をなさり、貴重な報告をいただいた協力機関の先生方、そして研究協力者として知的障害のある子供たちの学びについて真摯に向き合い的確なご助言をいただいた故尾崎祐三先生をはじめとする研究協力者の方々に、心から感謝を申しあげます。

[引用文献]

武富博文，明官茂，神山努（2016）．知的障害教育における教育目標と内容・指導方法，学習評価．専門研究 B 中間報告書　知的障害教育における「育成すべき資質・能力」を踏まえた教育課程編成の在り方－アクティブ・ラーニングを活用した各教科の目標・内容・学習評価の一体化－，独立行政法人国立特別支援教育総合研究所．

中央教育審議会（2003）初等中等教育における当面の教育課程及び指導の充実・改善方策について（答申）．

中央教育審議会（2008）幼稚園、小学校、中学校、高等学校及び特別支援学校の学習指導要領等の改善について（答申）．

中央教育審議会初等中等教育分科会教育課程部会教育課程企画特別部会（2015）教育課程企画特別部会　論点整理．

中央教育審議会（2016）幼稚園，小学校，中学校，高等学校及び特別支援学校の学習指導要領等の改善及び必要な方策について．

中央教育審議会初等中等教育分科会教育課程部会（2016）次期学習指導要領等に向けたこれまでの審議のまとめ．

文部科学省（2014）初等中等教育における教育課程の基準等の在り方について．26 文科初第 852号．

育成を目指す資質・能力を踏まえた教育課程の編成
― 知的障害教育におけるアクティブ・ラーニングの活用 ―

執筆者一覧

明官　　茂　（はじめに、第４章４、第５章１, ２）

松見　和樹　（第１章）

涌井　　恵　（第１章、第２章１, ２, ３, ６、第３章３）

武富　博文　（第３章３、第４章１〜５）

横尾　　俊　（第２章４、第３章１〜４）

村井敬太郎　（第３章１〜４）

清水　　潤　（第３章３、第４章４）

松井　優子　（第２章３, ４、第３章３）

神山　　努　（第３章１〜４）

半田　　健　（第２章３, ４、第３章３）

福本　　徹　（第２章５）

丹野　哲也　（第６章１〜６）

第３章３の実践編は、以下の研究協力機関の担当者が取組について執筆した。

千葉県立特別支援学校流山高等学園

広島県立庄原特別支援学校

愛媛大学教育学部附属特別支援学校

長崎県立鶴南特別支援学校

鹿児島大学教育学部附属特別支援学校

特教研 B-310

基幹研究
知的障害教育における
「育成すべき資質・能力」を踏まえた
教育課程編成の在り方
－ アクティブ・ラーニングを活用した
各教科の目標・内容・方法・学習評価の一体化 －

育成を目指す資質・能力を踏まえた教育課程の編成
～知的障害教育におけるアクティブ・ラーニングの活用～

2018 年 1 月 28 日　初版第 1 刷発行

編　著　独立行政法人 国立特別支援教育総合研究所
　　　　〒 239-8585
　　　　神奈川県横須賀市野比 5-1-1
　　　　Tel：046-839-6803　Fax：046-839-6919
　　　　URL：http://www.nise.go.jp/
発行者　加藤　勝博
発行所　株式会社　ジアース教育新社
　　　　〒 101-0054
　　　　東京都千代田区神田錦町 1-23 宗保第 2 ビル
　　　　Tel. 03-5282-7183
　　　　Fax. 03-5282-7892
　　　　E-mail：info@kyoikushinsha.co.jp
　　　　Ｕ Ｒ Ｌ：http://www.kyoikushinsha.co.jp/

表紙デザイン　peek a boo co.,ltd　宇都宮 政一　　　　　Printed in Japan
DTP　　　　　株式会社 彩流工房
印刷・製本　　シナノ印刷株式会社
○定価は表紙に表示してあります。
○落丁本・乱丁本はお取替えいたします。
　ISBN978-4-86371-446-5